15

Prima edizione: marzo 2022
Seconda ristampa: luglio 2022

in copertina: © Monte Rosa, Piemonte, Images/Photodisc/Getty Images
Progetto grafico: *the*WORLD*of*DOT

Ponte alle Grazie è un marchio
di Adriano Salani Editore s.u.r.l.
Gruppo editoriale Mauri Spagnol

Il nostro indirizzo Internet è www.ponteallegrazie.it
Seguici su Facebook e su Instagram
Per essere informato sulle novità
del Gruppo editoriale Mauri Spagnol visita:
www.illibraio.it

Il volume è stato realizzato in collaborazione con il Club Alpino Italiano

CATERINA SOFFICI

LONTANO DALLA VETTA

Di donne felici e capre ribelli

PONTE ALLE GRAZIE

A Jacopo,
che prima o poi capirà

Io sono le montagne che non ho scalato.
Nives Meroi

Prologo

Il cielo è limpido, l'aria purissima e nitida. Raggiungo la Regina delle Caprette al pascolo. Mando un messaggio prima di partire. Tè o caffè? Tè. Riempio il thermos. Infilo tutto nello zaino, insieme a una giacca impermeabile e a un cappello, perché in montagna non si sa mai.

Non c'è bisogno che mi dica dov'è, mi faccio guidare dal suono dei campanacci. Li riconosco a distanza, sono più piccoli di quelli delle mucche e hanno un tintinnio più dolce e acuto, più allegro. Le caprette sono abbarbicate lungo un pendio scosceso, amano stare sulle rocce, appena il prato diventa dirupo sembrano felici di avventurarsi sul culmine.

Le scorgo da lontano e mi salgono alla memoria i versi di una poesia di Mariangela Gualtieri.

Meraviglia dello stare bene
quando le formiche mentali
non partoriscono altre formiche
e si sta leggeri come capre sulla rupe
*della gioia.**

* Mariangela Gualtieri, *Meraviglia dello stare bene*, AnimaMundi Edizioni, Otranto 2019.

La Regina è seduta su un masso piatto e caldo di sole. Da lì si domina tutta la valle; è un luogo defilato, dove i turisti anche d'estate non arrivano.

Less is more, penso quando la vedo, in mezzo alle sue caprette e con i cani sdraiati placidamente sul prato.

Ciao.

Ciao.

Mi hai trovato facile?

Eh sì, i campanacci non ingannano.

Al pascolo si può stare zitti seguendo i propri pensieri. Si può leggere. Si può disegnare e fare schizzi su un quadernino. Si può intagliare un legno per farne un fischietto o un bastone da pastore il cui manico verrà poi curvato nel siero caldo dei formaggi. La Regina delle Caprette può fare tutto questo, ma quando arrivo io le piace anche parlare di capre e mi racconta storie di montagna e di alpeggi.

Verso il tè nelle tazze di metallo.

Parliamo e osservo le caprette, così sicure su questi prati, così a loro agio.

Guarda come sono tranquille oggi, dice la pastora.

Le caprette sanno.

Sanno quando tornare in stalla se sta per arrivare il temporale. E se ancora il cielo è terso non importa, non basterebbe un branco di cani pastore a tenerle al pascolo se sentono aria di pioggia. Partono spedite, con il loro passo allegro e ondulante, e non le fermi finché non sono al sicuro, al chiuso.

Sanno che il fulmine le può uccidere.

Sanno anche se il giorno dopo pioverà. E allora non

vogliono rientrare, anche se è sera tardi, anche se è quasi buio, anche se la Regina e la sua formidabile border collie si prodigano per chiamarle a raccolta. Sono testarde, le caprette, bizzose e ribelli come bambini al parco che chiedono dài altri cinque minuti; vogliono brucare ancora un po', perché sanno che il giorno dopo non potranno uscire.

Guardare le caprette, imparare a conoscere il loro comportamento è tornare a una connessione con la natura vera, quella dell'istinto, che non ha bisogno di barometri o di gps, che ti dice cosa mangiare, di cosa ha bisogno il tuo corpo, di cosa devi aver paura, cosa ti fa bene e cosa ti fa male.

Come le rondini, che sanno quando è il momento di migrare.

Come i cani maremmani, che ora sono tranquilli, ma se appena percepiscono la presenza del lupo o di un estraneo iniziano ad agitarsi, ad annusare in giro, a fare piccole corse verso il bosco. Quando i tre maremmani della Regina delle Caprette sono sdraiati al sole, beati e pacifici come oggi, puoi essere sicuro che nei paraggi non ci sono pericoli.

Gli animali lo sanno, noi umani non più. È un pensiero così banale, ma così vero, quello che penso guardando queste caprette.

Chiudi gli occhi, dice la pastora.

Li chiudo.

Senti il rumore del vento, senti che pace. Ascolta il suono dei campanacci: non è un antistress naturale?

Rimango così, a occhi chiusi, a farmi cullare dal tintinnio in questa parentesi di paradiso.

Io non potrei vivere altro che qui, dice la Regina delle Caprette. Non so come faccia la gente a vivere in città.

In una giornata come questa me lo chiedo seriamente anche io. Forse anche io potrei vivere per sempre qui? In questo momento lo penso davvero, lontano dalla città, cullata dai campanacci antistress.

Stringiamo le tazze calde di tè tra le mani.

Lo sai cos'è questo per me? chiede la Regina delle Caprette. È il rumore della felicità. Io quando sono qui con le mie capre sono felice.

INVERNO

Two voices are there; one is of the sea,
one of the mountains: each a mighty voice:

William Wordsworth

Sogni

Sognavo il mare. Lo vagheggiavo guardando il cielo plumbeo correre sui tetti di Londra e la massa di corpi vibranti e frenetici vomitati dalla metropolitana nell'ora di punta: lascio la città, vado a vivere nella natura. Il sogno era andare lontano, lontano dal grigio verso il verde, il blu, il bianco, verso tutte le tinte che avrebbero reso la mia vita più vivida. Senza questi colori non saprei immaginarne una, di vita. La natura che avevo in mente è un luogo dove il rumore del mondo si attenua e si rompe la macchina infernale che ci costringe a rinchiuderci in gabbiotti di cemento con finestre dalle quali raramente si vede il cielo, e a correre come criceti sulla ruota. Correre per raggiungere qualcosa di irraggiungibile, più corri, più la ruota gira, all'infinito.

Nelle mie brame, quel meraviglioso paradiso bucolico doveva essere a una latitudine mediterranea, con un clima adeguato alla mia repulsione per il freddo. Un posto caldo, vicino al mare, circondato da alberi da frutto, gerani e rose, cespugli di lavanda, salvia e rosmarino. La mattina avrei iniziato la giornata gettandomi in acqua, l'elemento primordiale, il liquido amniotico che culla le nostre esistenze, e avrei nuotato. Questi bagni rigeneranti, immaginati da aprile a ottobre inoltrato, avrebbero curato il corpo, quindi la mente, quindi le mie ansie e inquietudini. Quindi, tutto sarebbe stato perfetto.

Avevo già individuato un paio di luoghi possibili. Una piccola casa a Salina, due stanze e una veranda con i grappoli d'uva, nel paese di Malfa, a mezza costa, con vista mare e una discesa ripida verso il pontile che chiude la baia del porticciolo di pescatori. In alternativa, una casetta di pietra con una pergola di fico nell'entroterra della penisola di Mani, su un roccione non lontano da quella che fu la residenza dello scrittore inglese Patrick Leigh Fermor, circondato da agavi, ginestre, tigli, viti e ulivi. Quando la grigia cupezza della città mi prendeva al petto, aprivo il cassetto colorato dei sogni e chiudevo gli occhi, cercando di immaginarmi in quelle due casette: il sole, il mare, il cielo azzurro, che gli inglesi chiamano «azzurro italiano», e agognavo. A quello mi sentivo destinata. Lì avrei smesso di rimuginare, di vagheggiare sempre un altrove.

L'Accadimento ci ha portato sì lontano dalla città. Ci siamo davvero ritirati a vivere in un posto isolato e in mezzo al verde. Dove il cielo è spesso azzurro, di un azzurro purissimo, un vero azzurro italiano. Dove le nuvole sono bianchissime, e l'aria quasi innaturalmente luminosa. Ma questa è l'unica parte della realtà che coincideva con il sogno. Per il resto, è stato tutto un'altra cosa: freddo, gelo, neve. Come dicono qui, tre mesi di freddo e nove di gelo.

E intorno montagne, cime aspre e guglie rocciose, pietre e boschi, il ghiacciaio sullo sfondo: in una parola, Alpi. Altissime, la maggior parte dei quattromila d'Europa sono dietro le mie spalle.

Qualcuno va in montagna per ritrovare se stesso. Altri per cercare la libertà o il sublime. Io no. Non sono una seguace del filosofo Henry David Thoreau e *Walden* – il suo manifesto naturalista, che pure evoca belle suggestioni – è così radicale che leggerlo mi ha lasciato addosso un senso di straniamento. Non sono venuta in mezzo ai boschi per un atto di disobbedienza civile, per «vivere profondamente e succhiare tutto il midollo della vita, vivere in modo vigoroso e spartano e distruggere tutto ciò che non è vita». L'idea misantropa e ingenuamente anarcoide che solo nei boschi è l'essenza delle cose, quella natura idealizzata, molto romantica e fuori dal mondo, non mi appartiene.

Molto più banalmente faccio parte della schiera di escursionisti, arrampicatori della domenica, camminatori, amanti delle passeggiate nei boschi, che in montagna ci vanno in vacanza. O almeno, ci andavano in vacanza. Poi, mi sono trovata sulle Alpi per un lungo periodo. Non starò qui a spiegare nei dettagli il perché, finirei col dilungarmi in questioni famigliari poco interessanti. Sta di fatto che l'Accadimento ci ha portato in una baita a 1700 metri di altitudine, in un piccolo borgo sotto il ghiacciaio del Monte Rosa.

La nostra casa la chiamo Baita anche se il suo vero nome sarebbe rascard. I rascard sono quei particolari tipi di abitazione in legno e pietra, costruite nei secoli scorsi dai Walser, popolo di origini germaniche migrato nelle valli a sud del Monte Rosa in cerca di pascoli e alpeggi.

In passato era più un fienile di tronchi che una casa. Noi l'abbiamo presa qualche anno fa, già in parte ristrutturata e dotata di vari comfort. Nella Baita c'è una stufa di ghisa a legna, ma anche una moderna caldaia a gas, e dai rubinetti esce acqua calda come in una normale casa di città.

Non amo il lusso o l'abbondanza, ma gli agi sì. Non ci penso nemmeno a vivere in una capanna costruita con le mie mani, a prescindere dal fatto che non saprei da che parte cominciare. L'idea del selvatico sublime e la fascinazione per il selvaggio sono velleità da cittadini ammaliati da un'immagine del montanaro che il montanaro rifugge e ripudia. Li riconosci a cominciare dall'abbigliamento, perché il cittadino aspirante montanaro si agghinda secondo due modalità: tecnica o rurale. False entrambe. Nella prima spende cifre astronomiche per dotarsi del materiale più all'avanguardia – giacche adatte a spedizioni himalayane, zainetti superleggeri, racchette telescopiche in carbonio – e questo gli dà la sicurezza di avventurarsi per le cime e la confidenza di affrontare montagne che non conosce, con risultati spesso catastrofici. La seconda attitudine è quella opposta del cittadino che per sentirsi montanaro tende a spogliarsi delle sue sembianze urbanizzate e si traveste da selvaggio – indossando vecchi maglioni con le trecce e giacche di daino – e ama molto gli zoccoli di legno e i calzini di lana grossa che prudono. Non sa forse che i veri montanari, quelli che in queste valli ci vivono da generazioni, hanno le scarpe di Gore-Tex e caldi calzini tecnici da buttare in lavatrice con il programma rapido.

La Baita

La Baita era una seconda casa, poi per via dell'Accadimento è diventata la nostra prima e unica abitazione italiana. Quindi siamo finiti lì, con due figli e un cane, un bastardino nero salvato da un canile calabrese. Pensavamo per qualche settimana. Poi sono diventati un paio di mesi, poi sei. Poi altri mesi. Poi chissà.

Questa Baita l'avevamo presa come casa di vacanza perché mio marito è nato a Torino e ha la montagna nel sangue; nei suoi inverni di ragazzo ha convissuto con le cime innevate che vedeva dalla finestra, un paesaggio e uno stato d'animo per lui famigliari. Un po' meno per me. Quando ci siamo conosciuti mi portava sul Gran Paradiso e mi ha testato su sentieri impervi, camminate sterminate, piogge improvvise, nebbia e freddo. Si immergeva in laghetti glaciali, pensando di fare colpo su di me. Mi ha portato in pensioni con il bagno sul ballatoio e in rifugi maleodoranti. Quando a organizzare ero io, finivamo magicamente alle Cinque Terre, all'Isola d'Elba, a Capri, in luoghi ameni e confortevoli, sempre e comunque vicino all'acqua. È chiaro chi abbia vinto la battaglia tra mare e vette.

Gli amici dei miei figli lo chiamano Signor Stambecco, per l'attitudine con cui sale lungo i sentieri. Nome totalmente usurpato, perché non è uno scalatore né un alpinista, e soffre anche di vertigini. Ma è un gran camminatore e per qualche motivo a me incomprensibile i figli fin da ragazzini hanno accettato di svegliarsi all'alba e di seguirlo in montagna – d'estate a piedi, d'inverno con le pelli di foca sotto gli sci. Si chiamano così, ma della foca è rimasto solo il nome, sono pelli di vellutino sintetico che impedisce di scivolare indietro mentre si sale. Quando il Signor Stambecco e i suoi adepti tornano dalle loro gite sono tutti felici e scolano gran bicchieri di birra gelata, suggello finale di ogni ascensione. Io, per acquisizione traslata e quindi con una usurpazione doppia, sono diventata la Signora Stambecco, e la cosa mi diverte non poco perché non c'è niente di più lontano dalla mia natura.

Ho perso la guerra mediterranea – niente pergole, niente fichi né ulivi, né lecci, cipressi e cedri del Libano – ma ho vinto comunque una piccola battaglia conquistando, nonostante le resistenze del Signor Stambecco e dei puristi («ma non si usa più, è anti-moderno, anti-ecologico»), una vasca che sono riuscita a ricavare in una nicchia del bagno. La riempio di acqua bollente: è la mia rivincita e il mio piacere proibito delle serate fredde. Quando fuori ci sono dieci gradi sottozero e ogni parte del corpo è intorpidita, la vasca è un rifugio. Acqua calda, il sogno si avvera almeno in piccolo, in una stanza da bagno.

Comunque, non la voglio fare troppo lunga. Non sono certo un'eroina. Dopo tanti mesi passati in alta montagna, ho capito quanto l'essere umano sia un animale adattabile. Per questa nostra capacità abbiamo colonizzato ogni angolo della Terra, dal più freddo al più caldo, quindi non posso vantarmi troppo. Milioni di bipedi si sono adattati prima di me, altri – se non ci estinguiamo prima – lo faranno nei prossimi secoli. Mi definirei nella curva mediana dell'adattabilità. Ma questo non mi esime dal lamentarmi del freddo quando non sento più le dita dei piedi. Del vento gelido che secca e arrossa la pelle e screpola le mani. Dei disagi che la montagna inevitabilmente porta con sé. La montagna vera, intendo, non quella degli alberghi con spa che si vedono nelle pubblicità. Anche quella è montagna, ma un anno in baita – soprattutto d'inverno – è un'altra cosa.

Acqua

Sono nata a Firenze, in un clima temperato come lo sono i paesaggi di collina, dolci e smussati. Il mio elemento naturale è l'acqua, mi piace nuotare. Mi piace anche camminare, ma di questo parleremo dopo, perché nuotare e camminare – pur se non sembra – hanno certe affinità elettive. A Firenze non c'è acqua, ma il mare è vicino e ci sono belle piscine, e anche nelle città dove ho vissuto dopo c'erano piscine. Questo posto sulle Alpi è il più lontano dall'acqua e dal mare che si possa immaginare. Per una dozzina di mesi l'unica acqua, a parte la mia vasca da bagno, è stata quella di alcuni laghetti, pozze cristalline e gelide. Nel luogo del mio esilio montano ci sono dei ruscelli, ma non li definirei balneabili. D'estate ci ho provato comunque: mi sono bagnata in ogni pozza di acqua profonda più di trenta centimetri che ho trovato nelle mie lunghe passeggiate. Ho immerso i piedi nudi in ogni rigagnolo e il corpo in cascatelle pure e trasparenti. L'acqua sul corpo è comunque magnifica, anche se gelata come quella della montagna. Infilare le braccia accaldate dentro una fontana fino alle ascelle, togliere gli scarponi e le calze umide e tuffare i piedi nel torrente – attenti a non scivolare sulle pietre e i muschi – ha il suo fascino. Sognare il Mediterraneo e ritrovarsi con i piedi intirizziti in un laghetto glaciale sono due esperienze agli antipodi. Il mare è un'altra cosa, ma con un po' di impegno ti convinci perfino che il gelo è bellissimo.

Sono cresciuta in campagna, in una casa colonica sulle colline intorno a Firenze; non sono mai stata una vera cittadina. Da bambini – eravamo quattro fratelli – passavamo i pomeriggi nei campi, costruivamo casette sull'albero, usavamo chiodi, martelli, asce e seghe, facevamo fuochi abusivi, rubavamo la frutta dagli alberi dei vicini e anche l'uva. Per issare il fratello più piccolo nella casetta sull'Albero degli Scalini, un ulivo centenario dal tronco enorme che avevamo colonizzato con una costruzione a due piani, usavamo una carrucola e un secchio da muratore. Lo tiravamo su a braccia, e credo che oggi mia madre sarebbe denunciata al Telefono Azzurro, anche se non sono sicura che fosse a conoscenza delle nostre prodezze. Ricordo che ha fatto parecchie corse all'ospedale, per farci ricucire. Per fortuna avevamo uno zio medico, che ha suturato me e i miei fratelli varie volte: tagli sulla fronte, sulle gambe, dita, mani. Nella borsa di pelle da vecchio dottore aveva una scatolina di alluminio con tutto l'occorrente: aghi, garze, disinfettante. Arrivava sbuffando, ci faceva sedere in bagno e ci strofinava con acqua e sapone. «È la migliore medicina» diceva, mentre mia madre in cucina faceva bollire l'ago nel fondo della scatolina per sterilizzarlo. «Con i punti che avete in corpo, ci si fa un cappotto».

Non ricordo di aver mai messo una giacca a vento, in queste scorribande. Per noi era normale uscire con il maglione e ci stupivamo per l'abbigliamento dei compagni di classe. Invitati a giocare dopo la scuola, arrivavano imbacuccati con sciarpa, guanti, cappello: oggetti sconosciuti, a casa nostra. Erano bambini di città, noi eravamo bambini di campagna, non avevamo mai freddo ed eravamo sempre sporchi.

Il borgo

Nel nostro piccolissimo borgo vivono tre famiglie. Con noi siamo quattro. Tra loro si salutano a malapena, per odi e sgarbi antichi. Se ho un po' capito come funzionano le cose in questa valle, è più facile che siano questioni di terreni o di diritti di pascolo, che affari sentimentali. Io li saluto tutti. Loro ogni tanto rispondono, il più delle volte no. Non credo che capirò mai il motivo di queste reazioni non uniformi. Però, se hai bisogno, alla fine prevale lo spirito di comunità e tutti si danno una mano.

Nel borgo ci sono una cappella, una fontana di pietra e un forno comune, dove era tradizione a fine estate fare il pane per tutte le famiglie e per tutto l'inverno. In ogni borgo, anche in quelli minuscoli come il nostro, ci sono una cappella, una fontana di pietra e un forno. Tra un borgo e l'altro spesso non c'è soluzione di continuità e la fine di uno e l'inizio del successivo si intuiscono solo per il cartello stradale che ne indica il nome. Il nostro è piuttosto isolato, si capirebbe che è un borgo anche senza il cartello, che comunque c'è.

L'Uomo delle Storie mi ha raccontato che anche in questa piccola frazione, ormai decimata, fino al secondo dopoguerra c'era una scuola con la bellezza di ottantotto bambini. Ora è chiusa, di bambini non ce ne sono più.

Davanti alla fontana, in una casa d'angolo proprio all'inizio del paese, vive la Donna dell'Orto. Ha un cane gigante, grigio e bianco, è un incrocio con un vero lupo, ma non ha niente di selvatico, se non il pelo foltissimo. È un cane mite e simpatico, abbaia solo perché vuole giocare con un pollo di plastica che è la sua ossessione. Quando passo a piedi davanti alla fontana e lui è fuori sdraiato al sole inizia un rituale tutto suo, che prevede alcune piroette, un abbaio, e poi punta diretto il muso verso le mie gambe con il pollo in bocca. Il gioco consiste nell'impedirmi di prenderglielo, non nell'andare a recuperarlo come fanno tutti i cani. Potrebbe andare avanti ore, con quel pollo. Se non sono di fretta, mi fermo a giocare e mi presto al rituale, poi lo lascio perdere, allora lui inizia ad abbaiare e a dare musate con quella sua testona grossa da lupo, e se uno non sapesse che è l'animale più buono e domestico della valle si spaventerebbe. Perché visto da lontano sembra davvero un lupo.

La Donna dell'Orto è sempre alle prese con il suo piccolo terreno. Dissoda, estirpa, pianta, concima. Il suo orto è la cosa più confusa che si possa immaginare. Cresce tra piante di lamponi, ribes, lupini, campanule, epilobi; non crederesti mai che da quel groviglio possa nascere qualcosa. Invece ogni anno la Donna dell'Orto stupisce tutto il borgo e il suo terreno diventa un rigoglioso groviglio di verdure e di fiori, un vero orto selvatico dove lei raccoglie insalata, zucchini, fagiolini, patate, cipolle. Per salire a piedi alla Baita passo davanti alla casa della Donna dell'Orto e annuso il buon odore di minestra che si diffonde dalla cucina. Talvolta lei mi regala dell'insalata o dei fiori di zucca buonissimi.

La fattoria delle caprette

A poca distanza dalla Baita e dal borgo c'è una fattoria. Fulcro della fattoria è una stalla, con molte caprette e alcune mucche. Poi ci sono galline e oche e una quantità imprecisata di gatti e sei cani: due border collie (cani pastore per le capre), tre maremmani (cani da guardiania contro i lupi) e un bastardino apparentemente inutile, senza una funzione specifica intendo, che finisce per essere un tuttofare: abbaia sia alle capre che agli umani.

Alla fattoria ero andata qualche volta, d'estate, con i figli piccoli. Affittavamo una casetta nel paese grande ai piedi di questa montagna, il luogo più conosciuto della valle, quello con gli alberghi e i condomìni e le seconde case dei villeggianti.

D'estate, durante le vacanze salivamo alla fattoria – si può salire a piedi in una ventina di minuti – per comprare il formaggio, e andavamo a fare una visita di rito alle capre. Per i bambini era una gioia entrare nella stalla. Possono toccarle? chiedevo alla pastora. Le accarezzavano sul muso duro, passavano timorosi le piccole mani grassocce sulle corna ruvide. Porgevano un po' di fieno e le bestie allungavano il collo liscio tra le sbarre per afferrare con la lingua la manciata di erba secca. La mole delle mucche li spaventava, le caprette invece erano a loro misura, i bambini si divertivano. Io scambiavo qualche parola con la pastora, assaggiavamo il formaggio, compravo qualche pezzo, le ricotte fresche, i tomini alle erbe e poi via, tornavamo in paese a fare i compiti delle vacanze. C'erano sempre compiti delle vacanze, e noi venivamo in montagna in agosto, quando il conto alla rovescia delle tabelline da ripassare era inesorabile come il tema: *Cosa ho fatto questa estate.*

Questo era sempre stato il mio rapporto con la fattoria delle caprette. E le capre entravano puntualmente nei componimenti estivi. Titolo: *Gita alla fattoria delle capre.* Svolgimento: «Con mia mamma, mia nonna e mio fratello siamo andati alla fattoria delle capre». Seguivano dettagliata descrizione e disegnino della capra, distinguibile dal cane solo per il fatto che aveva le corna.

Nell'anno dell'Accadimento, durante quello che esagerando chiamerò il nostro esilio alpino, è successo che in Trentino hanno ucciso una pastora.

Si chiamava Agitu Ideo Gudeta, era una rifugiata etiope. Al suo paese l'avevano minacciata perché manifestava

26

contro l'esproprio dei terreni dei contadini a favore delle multinazionali. Come succede spesso a donne forti che guardano oltre, alle sognatrici e alle ribelli – lei era entrambe le cose, e in più aveva studiato Sociologia a Trento –, si era messa contro il governo e contro i politici locali. Per salvarsi era scappata in Italia, in un territorio che già conosceva, e aveva iniziato una seconda vita in una valle sulle montagne di Frassilongo, un luogo remoto dove ancora si parla un tedesco medievale.

Lei, donna dalla pelle scura, arrivava in mezzo ai montanari come un salmone controcorrente, saliva per fare un lavoro duro mentre i figli dei locali scendevano in città in cerca di lavori più comodi e sicuri. Lei, armata solo di determinazione e di due grandi passioni: l'agricoltura sostenibile e la pastorizia non intensiva, perché i suoi nonni erano stati pastori e da bambina in Africa era cresciuta in mezzo alle capre. Aveva scoperto che in quella valle c'era una razza in via d'estinzione – la capra mochena, animali rustici, resistenti al freddo, ideali per avviare un ciclo di allevamento biologico. Era riuscita a farsi assegnare terreni demaniali abbandonati e aveva aperto un'azienda agricola. Prima piccola, poi sempre più grande. Prima poche caprette, poi un vero gregge. Faceva formaggio, prodotti bio per la cura della pelle, aveva un furgoncino con cui vendeva al mercato i suoi prodotti a chilometro zero, era diventata un'imprenditrice di successo. Aveva chiamato la fattoria «La capra felice».

Raccontata così è la favola bella della rifugiata icona di integrazione, la donna straordinaria che aveva trovato la felicità in Europa, la paladina dell'ecologia e delle belle speranze; ma anche nella valle delle capre felici non tutto era andato liscio. Ben accolta e amata dai più, per qualcuno era l'elemento estraneo, l'aliena. Brutta negra, devi morire, non puoi stare qua, questo non è il tuo posto. Aveva denunciato, aveva vinto di nuovo, ancora una volta c'era un uomo dietro le minacce.

A ucciderla però è stato un nero più nero di lei, un giovane del Ghana preso come aiutante, che in quella notte di dicembre, tra Natale e Capodanno, con la neve e le lucine colorate alle finestre, l'ha massacrata a martellate. Una questione di soldi, pare, ma poi vai a sapere, nessuno entra mai davvero nella testa di un assassino. L'ha ammazzata, ha sfregiato il suo corpo, l'ha stuprata, poi si è chiuso in una stalla, si è nascosto nel fieno ad aspettare che lo venissero a prendere, senza neppure tentare la fuga, rilasciando agli inquirenti solo una dichiarazione: «Se avessi avuto del veleno mi sarei ucciso».

Tre giorni dopo Agitu Ideo Gudeta avrebbe compiuto quarantatré anni, il ghanese ne aveva trentadue.

Quella notte di dicembre c'era stata una grossa nevicata in Trentino e si vedevano orme nella neve alta per arrivare alla stalla. Le avevano lasciate gli agenti, o forse erano le tracce dell'assassino, non si capiva bene. Però le facevano vedere in modo ossessivo. Al telegiornale, per una settimana non hanno passato altro che le impronte nella neve e le immagini della giovane etiope con il copricapo africano multicolore: abbracciata alle caprette, alla guida del furgone, dietro il bancone dei formaggi.

Poi hanno smesso di mostrare le tracce, forse si sono sciolte o una nuova nevicata le ha ricoperte. E con la stessa velocità anche la favola bella e la morte atroce della pastora etiope sono state inghiottite dall'oblio.

Fine per i giornali, ma non per me.

Regine

La storia di Agitu era lontana, accadeva dalla parte opposta dell'arco alpino, ma da quel giorno mi sono ritrovata a pensare in modo nuovo alle caprette della fattoria. Mi sembravano il simbolo di un mondo diverso, più pulito, più giusto. Non so spiegarlo altrimenti.

È così che comincio a scendere alla fattoria dalla scorciatoia, a balzi nella neve. Dalla Baita alla fattoria seguendo la strada c'è meno di un chilometro, tagliando attraverso i prati sono poche centinaia di metri. I miei passi sono guidati dal riverbero delle luci della fattoria, che nel buio dei lunghi pomeriggi invernali sembra una sorta di astronave aliena, autosufficiente rispetto al resto della montagna. Cosa che peraltro è, perché la corrente elettrica è prodotta con i pannelli solari, la cucina economica è alimentata a legna, l'acqua arriva da una sorgente alpina, l'orto fornisce ortaggi e le bestie uova e latte. Non proprio del tutto autonoma, ma il livello di autarchia è piuttosto alto.

Tutte queste cose le ho scoperte dopo, comunque. All'inizio andavo per le capre, perché mi ero messa in mente che questi animali avessero una sorta di forza misteriosa, capace di scatenare delle passioni. La passione che ha portato un'etiope in montagna mi pareva la stessa della pastora della fattoria qui sotto, che aveva scelto di allevare capre invece di mucche o pecore, come fanno tutti da queste parti. Altre capre non ne avevo mai viste. Mi sembravano anche animali simpatici, con quella barbetta e l'aria dispettosa.

Le prime volte entro un po' timorosa, posso venire a vederti lavorare in effetti è una richiesta piuttosto strana. Cosa penserà mai la pastora di questa turista che le piomba in mezzo alle capre?

Invece mi sbaglio. Mi accoglie, mi permette di entrare nel suo mondo, credo sia intrigata dalla mia curiosità. L'ora migliore per la mia visita è a metà pomeriggio, quando inizia la mungitura.

Entro nella stalla e mi avvolge l'odore forte delle bestie, un afrore caldo e acido, e sa di paglia, fieno secco, sterco e latte, ma non è cattivo. Solo i caproni, i becchi, puzzano davvero. Il resto è odore di fattoria. Sono goffa, non so dove stare, mi pare di essere sempre nel posto sbagliato, mentre intorno a me gli animali si muovono a proprio agio, senza intralciarsi. Galline tra le zampe delle caprette, gatti, cani, cuccioli di cane e di gatto, qualche pulcino e nessuno rimane schiacciato. Presto anche io imparo a intuire i movimenti degli altri animali, li prevedo e mi sposto di conseguenza. Il mio istinto di ex bambina di campagna mi aiuta a non prendere qualche cornata.

Mi sento comunque inutile come un pensionato a bordo cantiere mentre guardo ipnotizzata il rituale della mungitura, ogni giorno identico al precedente. Le caprette escono da un recinto, salgono sulla pedana della mungitura, quando scendono vanno in un altro recinto. All'apparenza la pratica è caotica, un magma di corna e zoccoli, belati e spintoni, ma c'è un ordine supremo a guidare i movimenti, e tra la pastora e le caprette intuisco una connessione che viene da lontano, da una perizia antica e sapiente. La pastora guida e comanda con piglio regale, gli animali la guardano e riconoscono la sua autorità. Per questo diventa subito la Regina delle Caprette. Non so cosa mi affascini di tutto ciò, forse la ripetizione del gesto, compiuto ogni giorno, due volte al giorno, per trecentosessantacinque giorni l'anno, moltiplicato per un'ottantina di caprette.

Guardo i video di Agitu che trovo su internet. Sono spezzoni di interviste, documentari, filmati. Emergono nella rete da un passato neanche troppo remoto. Andavano a intervistarla, ai tempi della favola bella. L'etiope dai denti bianchissimi e dal sorriso gentile era stata la facile carta da giocare per lavarsi la coscienza quando si parlava di immigrazione in Italia. Guardate che modello di integrazione, il suo successo ispirerà i rifugiati che lottano per ricostruire le loro vite. Se ce l'ha fatta un'etiope in una valle più vicina all'Austria che al Mediterraneo, allora tutti hanno una possibilità. I fiumi di retorica e le parole edificanti mi provocano un leggero fastidio, ma sopportabile, e quindi continuo a guardarli, con un'attrazione magnetica. Un fatto mi colpisce: Agitu è chiaramente una donna forte e determinata, eppure ha una levità spontanea e sorride sempre.

31

Anche la Regina delle Caprette ha qualcosa di magnetico. Da quando ho imparato a conoscerla ho capito che è una donna dura, ma pure lei ha una serenità che viene dal profondo. Mi pare in pace. Mi pare felice. Un filo invisibile unisce queste due donne. Due mondi lontanissimi, due vite così diverse, ma hanno in comune un carattere forte e la dignità del proprio lavoro. Per descriverle prendo in prestito le parole della scrittrice americana Joan Didion quando parla dell'origine del potere e della fierezza di alcune donne: «Coloro che hanno rispetto di sé mostrano una certa durezza, un certo coraggio morale, esibiscono quello che una volta si chiamava carattere, una qualità che, sebbene sia apprezzata in astratto, a volte perde terreno rispetto ad altre virtù più negoziabili. Eppure, il carattere, la volontà di prendersi la responsabilità della propria vita, è la fonte da cui sprizza il rispetto di sé».

Agitu sorrideva sempre. Anche la Regina delle Caprette sorride spesso. Sono le caprette che rendono felici? Una domanda che inizia a ronzarmi nella testa, che porta con sé tante altre domande.

Speriamo che non nevichi

Inizia con pochi fiocchi portati dal vento, scendono come farfalle che turbinano nell'aria e svaniscono appena toccano terra. Guardo il cielo e penso: speriamo che non nevichi. Certe volte sono radi fiocchi riportati da nevicate in quota, imbiancano i prati di un velo di mussola impalpabile, lieve. Basta un raggio di sole perché tutto sparisca.

Ma quando arriva la neve vera, il cielo è bianco latte e l'aria non è troppo fredda. Anche il vento cala all'improvviso. Quando nevica sul serio c'è nell'aria un odore particolare, si impara a riconoscerlo. Ha qualcosa di aspro e allo stesso tempo dolce, un odore pulito che sa d'inverno.

Speriamo che non nevichi, penso in questa mattina di dicembre, cielo bianco e quell'odore inconfondibile. Mi stupisco di questo pensiero. Per me l'idea di neve è sempre stata associata alla magia del Natale, all'euforia dei bambini che scivolano sulle slitte e giocano a pallate, ai pupazzi, all'avvicinarsi delle vacanze, allo sci. I soliti cliché, un po' noiosi e logori forse, ma siamo fatti così, siamo generazioni cresciute con le immagini delle renne e della piccola fiammiferaia.

La neve a Firenze era salire a piazzale Michelangelo la mattina in cui le scuole erano chiuse – perché in città, quando nevica, spesso chiudono le scuole – e stendersi sui sacchetti neri della spazzatura per buttarsi a capofitto lungo le rampe che scendono verso porta San Niccolò, in una improvvisata e pericolosissima pista da bob. A Milano è il Monte Stella che si popola di ragazzini e famiglie con slitte, palette e secchielli da mare. Ci sono andata con i bambini piccoli, quando chiudeva l'asilo per via della neve. E al parco del Castello Sforzesco, dove tutti per un giorno tornano fanciulli, giocano, passeggiano mano nella mano, per questa idea – chissà perché – che la neve è romantica.

Anche a Londra la nevicata è un evento giocoso; anche a Londra chiudono scuole e uffici, si bloccano le metropolitane, i treni dei pendolari arrancano e accumulano ore di ritardo, quindi meglio non sfidare il prevedibile marasma, i fanatici della corsa si improvvisano sciatori di fondo e con attrezzature recuperate chissà dove si avventurano goffi e soddisfatti sulle piste ciclabili di Hyde Park. A Green Park persino i cavalli della regina sembrano euforici, li fanno uscire con una coperta di lana sulla groppa e loro avanzano curiosi lasciando le impronte degli zoccoli sui prati innevati, fieri di dominare questo elemento così inusuale.

La magia della neve è una cosa da cittadini e significa principalmente divertimento. È la pausa dalla grigia routine di asfalto e cemento, una parentesi bianca di fanciullezza. Il giorno dopo, quando l'incanto si scioglie in una poltiglia grigiastra e i marciapiedi sono una lastra di ghiaccio, anche il cittadino intuisce che la neve è una seccatura, ma non gli importa: sa che passerà presto, è una divagazione sul tema, e comunque per un giorno tutti se la sono goduta.

La neve è bella, la neve è gioia. Sperare che non nevichi è un pensiero che non avevo mai avuto, ma adesso ce l'ho. Quando inizia a nevicare forte non penso alle slitte e ai pupazzi, ma vado in garage per controllare che ci sia abbastanza sale nel sacco, prendo la pala e la porto su, vicino alla porta di casa. Ormai l'ho imparato: bisogna spalare senza calpestare il manto fresco, altrimenti si forma lo zoccolo che è più duro da rimuovere. Se poi si ghiaccia è peggio, va spezzato con l'accetta.

Capisco i valligiani quando alzano gli occhi al cielo preoccupati: la neve in montagna da sempre significa pericolo, fatica e disagio. Significa uscire di notte con gli spalaneve e i trattori, per liberare le strade. Spargere il sale, pulire prima che geli. E quando arriva la prima vera nevicata, non è una parentesi di qualche giorno, il paesaggio cambia per mesi. In passato la coltre bianca era fame e morte, soprattutto se i vecchi si ammalavano d'inverno e il medico non riusciva ad arrivare nelle frazioni più in alto della valle. Ma era anche morti sotto le valanghe, quando le nevicate erano copiose e violente. Anche qui nel 2018, l'ultimo inverno in cui sono caduti oltre sei metri di neve, si sono staccate diverse slavine proprio dai prati sopra il paese grande e hanno dovuto evacuare case e chiudere gli alberghi. Qui da noi nel borgo, che è più in alto, abbiamo sentito i boati e non troppo distante dalla Baita le valanghe hanno spazzato intere strisce di bosco. Tronchi enormi divelti, radici scoperte, alberi abbattuti ti fanno capire la potenza e la cattiveria della neve. Gli sciatori non lo capiscono. I montanari ce l'hanno nel DNA il fastidio per la neve, è la memoria di generazioni di vite vissute da zoccolai, pastori e contadini che hanno strappato cibo ai difficili terreni in quota, tempi remoti – ma neppure troppo –, quando l'estate e l'autunno si vivevano nei preparativi per sopravvivere all'inverno: fare la legna, sistemare le cataste, accumulare provviste, seccare il pane prima dell'arrivo del gelo. Poi la montagna diventava candore, silenzio, solitudine e fatica.

Ora c'è lo sci e da fine novembre la neve è attesa per battere le piste e accogliere i turisti.

Ora qui si vive vendendo la neve, da coltre cattiva è diventata la manna buona, il pane bianco che ha portato ricchezza e ha cambiato le fortune e l'economia di queste valli. Prima si diceva «sotto la neve pane», ora il detto è diventato «sopra la neve pane».

Ma ne cade sempre meno. I più accorti iniziano a capire quanto sia fragile un'economia basata solo sui turisti sciatori, gli spettri del passato riaffiorano. Carestia, povertà, fame non sono così lontane, almeno nella memoria dei vecchi.

Guardo dalla finestra e vedo sul versante opposto della valle il nastro bianco di neve sparata dai cannoni che serpeggia nel bosco di abeti e di larici ormai spogli. È tirato a lucido, un tappeto perfetto, i gatti delle nevi hanno lavorato sodo per prepararsi all'arrivo dei turisti. Ma quella non è neve vera. È acqua ghiacciata, materia fittizia, dura, non ha niente di poetico.

Inizia a nevicare piano, poi sempre più forte. Quando andiamo a dormire i campi sono già coperti, sono caduti venti centimetri, il silenzio è denso. Dalla finestra vedo il lampeggiante arancione salire dalla fattoria delle caprette verso il borgo: stanno uscendo con i trattori per spalare. D'inverno la Regina delle Caprette e il marito fanno altri mille mestieri, oltre a badare alla stalla. Lui è anche maestro di sci, allenatore della squadra agonistica della valle; lei è maestra di fondo, ma non pratica più. Chi ha tempo, dice, sono anni che non metto gli sci sul serio. Entrambi spalano la neve per conto del Comune, che smista gli appalti tra chi ha ruspe e trattori.

Il lampeggiante procede lento, poi sparisce dietro le case del nostro borgo e immagino che stia scendendo giù a valle, verso il paese grande. Stasera molti qui stanno maledicendo la neve e hanno davanti ore di lavoro strappate al sonno per manovrare le pale e pulire le strade e rimuovere i cumuli. Ti sei divertita a giocare con la ruspa l'altra notte, eh? ha detto una volta un turista alla Regina delle Caprette, reduce da una di quelle notti in bianco. «Voleva fare lo spiritoso, l'avrei ucciso. Questi proprio non ci arrivano a capire cosa è la vita in montagna».

Nevica a larghe falde per tutta la notte. La mattina ci svegliamo e tutto intorno è bianco. Non ci sono più i prati, sono sparite le rocce, il sentiero è scomparso, sugli arbusti e sui cespugli la neve forma piccoli cumuli dalle forme curiose dove con un po' di fantasia si possono immaginare figure di animali.

Apro la porta e una massa di neve cade dal tetto. Inizio a spalare per liberare l'ingresso. Poi passo la pala ai figli che sbuffano e protestano ma poi si rassegnano e lavorano un paio d'ore per pulire le scale e tracciare un sentiero fino alla strada che porta in paese. È caduto più di mezzo metro. Anche per loro oggi la neve è una seccatura. Quando rientrano, sudati e con le scarpe fradice, si tolgono i calzini e li mettono ad asciugare accanto alla stufa. Li sento commentare: «Speriamo che stanotte non nevichi ancora».

Lontano dalla vetta

Le nostre giornate trascorrono monotone. È la calma della provincia, che qui non è neppure provincia, ma borgo di montagna, vita minimale di paese. Noi lavoriamo al computer. Siamo nel mezzo del nulla, ma abbiamo una parabola che ci permette di essere connessi con il mondo. Lo diamo per scontato, ma ogni tanto mi ritrovo a pensare a questa cosa stupefacente che cambia tutto e sempre più cambierà anche la montagna.

La Baita non è grande, ogni membro della famiglia si è scelto un angolo dove ha fatto la tana e sistemato la propria postazione computerizzata. I ragazzi studiano, noi lavoriamo, non siamo qui in vacanza e non c'è molto altro da fare. Spaliamo neve, spargiamo sale, prendiamo la legna per caricare la stufa, facciamo qualche giretto a piedi, leggiamo. La sera ci sfidiamo in lunghe partite di Rummikub, un gioco da tavolo simile a Machiavelli con tessere di plastica al posto delle carte.

Il borgo è deserto. Anche al paese grande c'è poca gente. Durante la settimana non c'è mai folla, i turisti salgono il sabato e domenica. C'è un bar dove ferve – si fa per dire – la vita di paese. Si prende un caffè, si fanno due chiacchiere, si salutano gli avventori, sempre i soliti, con il bicchiere di bianco o la birretta già di mattina. Quando scendo al paese grande faccio una visita alla libreria, guardo le novità, vado a prendere un caffè con la libraia. È bello pensare che anche in un posto così remoto arrivino gli stessi libri che ha a disposizione chi abita in città. È una riflessione forse stupida, perché si può scaricare un ebook da ogni parte del mondo, ma io sono ancora affezionata all'idea di un libro di carta e pensare che quel parallelepipedo di cellulosa arrivi qui nello stesso momento in cui arriva altrove mi fa sentire meno isolata.

L'evento è scendere in fondovalle a fare la spesa. Qualche volta ci spingiamo fino ad Aosta, vera avventura. Nonostante l'emozione di una gita al supermercato per rompere la monotonia delle giornate possa apparire allettante, la fatica vince sulla noia e i volontari della spesa scarseggiano. Quando marito o figli si offrono faccio lunghe e dettagliate liste che si rivelano totalmente inutili, poiché non vengono rispettate e manca sempre qualcosa di fondamentale. Arriva il barattolo gigante di Nutella ma non il sale grosso per la pasta, trovo nei sacchetti chilometri di salsicce ma non il pane. Alla fine, tutti convengono che è meglio se vado io. Mi immolo per la causa, facendo molto pesare il mio sacrificio, ma sono segretamente contenta del diversivo che la gita a valle mi offre. Però vendo cara la pelle: spesa contro tutti gli altri lavori pesanti, dalla neve alla legna, e ovviamente al trasporto delle buste del supermercato fino alla Baita.

Non ci sono grosse discussioni per chi deve stendere la lavatrice, visto che ne facciamo una sola alla settimana: non usiamo molti vestiti, non ci sono i grumi di indumenti che stazionano normalmente sul pavimento della camera dei ragazzi, anche perché ne abbiamo portati pochi. Siamo partiti con una piccola valigia, dovevamo stare solo un paio di settimane. E comunque non abbiamo bisogno di molto altro, la vita qui è semplice e non richiede cambi di vestiario per attività sociali.

I giorni sono uguali l'uno all'altro. Computer, legna per la stufa, spalare quando nevica, sale contro il ghiaccio, spesa, lavatrice, si cucina a turno. Quando tocca a me, la lamentela è sempre la stessa: «Manca il sale, non sa di niente quando cucini tu».

Gli amici cittadini ci chiedono notizie di questo nostro esilio montano. Ci chiedono quando rientreremo. Noi tergiversiamo. L'Accadimento non ci permette di tornare alla vita di sempre e quindi per il momento cerchiamo di prendere il bello di questa situazione. Possiamo camminare all'aria aperta. Abbiamo queste magnifiche montagne innevate a portata di pelli di foca, e infatti le usiamo, appena possibile.

Un giorno usciamo di mattina piuttosto presto. L'alba ha lasciato un chiarore rosato nel cielo, il sole è troppo basso e si nasconderà ancora per un po' dietro alla montagna. La neve è azzurra, con bei riverberi cristallini. Fa freddo. Per il Signor Stambecco fa un po' freddino, per me è un freddo cane. Abbiamo deciso di prenderci una mattinata libera dai rispettivi computer e di approfittare del bel tempo e della neve che è caduta copiosa per fare una gita di sci alpinismo. Niente di impegnativo, un paio d'ore di salita, una gita che abbiamo fatto decine di volte, lungo un tracciato già battuto.

Il cane calabrese come sente rumore di scarponi si allerta, ci gira intorno scodinzolante, sa che uscirà con noi. Come apro la porta della Baita, si precipita fuori. Non credo avesse mai visto la neve, ma gli piace. Dopo i primi giorni di sconcerto, durante i quali si muoveva guardingo mettendo una zampa davanti all'altra per tastare il terreno, stupito di affondare a ogni passo, adesso si lancia in corse pazze, si tuffa e si rotola, sembra sia nato in queste valli invece che in riva al mare. A differenza mia, il gelo della montagna non lo spaventa e pare proprio a suo agio in questo ambiente ostile. Ho comprato una pomata grassa che gli metto sotto i polpastrelli per difenderlo dal gelo, anche se ho il sospetto che sia più una fisima da turisti che una reale necessità.

Partiamo. Il cane si mette nella traccia degli sci del Signor Stambecco. In genere sono io il suo capobranco e mi segue ovunque, ma quando si esce in montagna il suo istinto canino gli dice che è meglio cambiare capobranco. Saliamo in fila indiana: il Signor Stambecco, il cane, io a chiudere. La prima ora, niente da segnalare. Il versante della montagna è ancora all'ombra, l'aria è ghiacciata, il gelo entra nelle narici a ogni respiro, ma la salita scalda. Arrivati a un primo pianoro, usciamo dal cono d'ombra della montagna ed entriamo in un piacevole tratto di neve scintillante, i minuscoli cristalli brillano e l'aria si fa più calda, il ghiaccio inizia a sciogliersi e gocciola dalle fronde degli abeti, la neve cade con piccoli sbuffi dai rami. Mi tolgo giacca e piumino, proseguo la salita in maglietta e comincio perfino a sudare, evento raro per me, visto che in montagna il freddo mi gela anche il sudore. Tutto è perfetto, è la giornata ideale per una gita con le pelli di foca.

Saliamo ancora una mezz'oretta senza nient'altro da segnalare. Finché la leggera brezza che ci ha accompagnato si fa un vento vero. Alza refoli di neve, crea mulinelli. Il cielo si copre all'improvviso. Come se un pittore avesse passato una mano di biacca sul cielo, l'azzurro sparisce e il sole diventa una sfera opaca dietro la coltre di nuvole alte. Nel giro di una decina di minuti il vento si fa forte, sempre più forte, sempre più gelido. Avvicinandosi alla vetta incontrare più vento è normale, ma questo è cattivo, ora ci tira contro raffiche cariche di granelli di ghiaccio. Ci fermiamo per rivestirci, rimetto il piumino, la giacca, dallo zaino prendo una fascia che uso per coprire la bocca. Calco bene il cappello di lana sulla testa. Il cane sembra perplesso: non deve aver mai visto un vento così nei suoi trascorsi di randagio in Calabria. Fosse per me, tornerei già indietro. Viene brutto, dico, scendiamo. Ma il Signor Stambecco non ne vuol sapere. Manca un quarto d'ora alla cima, muoviti, andiamo.

Il quarto d'ora del Signor Stambecco non è un'unità di misura del tempo, ma una sua idea soggettiva. Sul suo quarto d'ora si aprono sempre discussioni infinite, ma questa volta abbozzo e ci rimettiamo in cammino. Le raffiche aumentano. In queste situazioni si capiscono perfettamente due cose risapute riguardo alla montagna, ma che – come sempre accade – sembrano vaghi ammonimenti finché non ti ci trovi in mezzo. La prima: il maltempo arriva all'improvviso. La seconda: il vento abbassa sensibilmente la temperatura percepita. Se prima era gelido, adesso è un freddo artico. Mi muovo ma il ghiaccio mi entra nelle ossa, complice anche la stanchezza. Il vento che prima ci prendeva di traverso, adesso che abbiamo iniziato a salire sull'ultimo tratto verso la vetta, ci soffia dritto in faccia. Ogni passo è una lotta contro la raffica che ci spinge indietro. Mi sembra eccessivo evocare i racconti di Jack London nei ghiacci dell'Alaska, eppure mi vengono in mente proprio quelle immagini di cani che tirano la slitta nella bufera di neve. Il nostro cane calabrese, che come ho detto è intelligente, ha cambiato capobranco: adesso segue me. Anche lui fa fatica a procedere e la neve alzata dal vento lascia scoperte ampie lastre di ghiaccio, sulle quali scivolo io e scivola anche il quadrupede. Lui si ferma di continuo a mordersi le zampe, nel tentativo di rimuovere lo zoccolo di neve ghiacciata che gli si è formato sotto i polpastrelli, nonostante l'unguento che doveva essere miracoloso.

Nel vento urlo al Signor Stambecco di fermarsi. Lui procede imperterrito, incurante dei nostri destini – mio e del cane –, guadagna terreno mentre io ne perdo, quindi siamo sempre più distanti.

Gli urlo di nuovo di fermarsi. Aspettami. Coperta dal vento la mia voce non gli arriva. Allora minaccio la ritirata. Io torno giù, fermati, continuo a urlare. Non sente – o fa finta di non sentire, un punto di successiva discussione su cui saremo tornati varie volte – e sparisce dietro la cima. Il vento aumenta ancora, le raffiche adesso sono così forti che stento a stare in piedi, il cane è ripartito di corsa per seguire il Signor Stambecco. Lo ha perso di vista e deve avere un po' di sangue da pastore, perché cerca di tenere entrambi sotto controllo. Non vuole mollare il Signor Stambecco ma nemmeno me. Lo chiamo, ma il cane non viene, si ferma a metà dell'ultima parete incerto sul da farsi, se salire con il capobranco temerario o tornare giù dal capobranco più prudente. Lo vedo che scivola, fa fatica a procedere e adesso anche il pelo è coperto di neve. Nella mia mente ansiosa si insinua il pensiero che il cane potrebbe congelarsi. Lo so, sono un po' tragica, ma è quello che ho pensato. Non è un cane d'alta quota, non ha ancora messo il sottopelo come i suoi colleghi abituati al clima di qui. Questo è un canino calabrese, arrivato da qualche mese, e mi do della cretina per averlo portato con noi in questa gita. Eppure, la giornata sembrava così perfetta e lui era così contento.

Imprecando, riprendo a salire. Più per il cane che per raggiungere il Signor Stambecco, con cui mi riprometto di fare i conti più tardi. Passo dopo passo, scivolando sul ghiaccio, controvento, urlo ancora verso il Signor Stambecco di fermarsi, di aspettarmi, che voglio tornare indietro, che sono troppo stanca, che è troppo freddo, che non ce la faccio. Il vento si porta via le mie imprecazioni e le mie urla. Non sento più le mani, i piedi e la punta del naso. I granelli di ghiaccio mi colpiscono il volto e faccio fatica a respirare. Smetto di chiamarlo, tanto ho capito che è solo fiato sprecato.

Dopo una mezz'ora abbondante di maledizioni e di fatica raggiungo finalmente la vetta. Il cane è con me, tremante. Continua a leccarsi le zampe, zoppica, ha i polpastrelli congelati. Il Signor Stambecco è lì che ci guarda con aria di sfida. Hai visto che ce l'hai fatta?

Sono troppo stanca e arrabbiata per insultarlo. Per fortuna, a qualche decina di metri adocchio un gabbiotto che usavano gli inservienti degli impianti. Non ricordavo che ci fosse, mi pare di essere in quelle vignette del miraggio con le palme nel deserto. Mi dirigo decisa verso la mia oasi.

Lascia perdere, è chiuso, urla attraverso il vento il Signor Stambecco.

Ma pur di contraddirlo mi tolgo gli sci, prendo il cane in braccio e mi avvicino alla porta, decisa a sfondarla a calci, se ce ne sarà bisogno. Ha ragione, sembra chiuso. Provo a spingere e miracolosamente si apre. Entro in quel deposito di cassette abbandonate, teli di plastica, vecchie bombole di gas, cordami vari e altro materiale di manutenzione e mi sento arrivata nella cosa più simile al paradiso che avrei potuto aspettarmi in quella giornata.

Inizio a strofinare il cane, gli tolgo lo zoccolo di ghiaccio sotto le zampe, sbatto i piedi per terra e le braccia contro i fianchi per riprendere sensibilità alle dita delle mani, e vorrei lasciare il Signor Stambecco fuori all'addiaccio, ma il thermos del tè caldo è nel suo zaino e sono costretta a farlo entrare.

Lascio alla vostra immaginazione il dialogo – se così lo vogliamo chiamare – avvenuto dentro il gabbiotto. Scaldati dal tè, rifocillati con un po' di fichi secchi e qualche mandorla, infilato il cane nello zaino, torniamo sani e salvi alla base. Sono arrivata in cima, ma avrei preferito non farlo, e la conquista di quella piccola meta non mi ha procurato alcuna gioia.

Il mio è un approccio yoga alla montagna: arrivo dove posso, secondo il principio che l'importante non è la meta, ma il viaggio. Se anche sono a cento metri dalla vetta e tira troppo vento o fa troppo freddo o sono troppo stanca – e almeno due di queste variabili si verificano spesso –, non ho alcuna remora a tirare i remi in barca (e già questa espressione conferma la mia attitudine non proprio montana), girare sui tacchi e lasciare che siano gli altri a raggiungere la vetta. «Andate pure, io vi aspetto qui». Anche se manca solo un quarto d'ora e mi incitano a proseguire: Ci sei quasi, basta un piccolo ultimo sforzo, non mollare proprio ora.

Perché non dovrei mollare proprio ora? Per quale legge non scritta della montagna non ci si può ritirare a un passo dalla cima? Non sono un'atleta olimpica, non ho obiettivi da raggiungere, non mi faccio incantare dalle sirene (rieccoci, un'altra similitudine marina), il mio scopo è sempre e solo uno: godermela e tornare a casa intera.

Perdersi

«La Natura ha molti espedienti per convincere l'uomo dei suoi limiti – l'incessante scorrere delle correnti, la furia dei temporali, il sussulto del terremoto, il lungo rullio dell'artiglieria del cielo – ma il più tremendo, il più sconvolgente è la passività del Silenzio Bianco. Ogni movimento cessa: il cielo è limpido, l'aria tersa, il più lieve bisbiglio sembra sacrilegio, e l'uomo diventa timido, terrorizzato al suono della propria voce. Unica particella di vita in movimento attraverso le spettrali distese di un mondo morto, egli trema di fronte alla sua audacia, capisce di essere un verme e nulla più. Inusitati pensieri si affacciano alla mente non chiamati, e il mistero di tutto il creato lotta per esprimersi. La paura della morte, di Dio, dell'universo lo assale – la speranza della resurrezione della vita, l'anelito all'immortalità, il vano sforzo dell'essenza imprigionata – è allora, se mai, che l'uomo cammina solo con Dio» (Jack London, *Il silenzio bianco*).

Durante i mesi invernali trascorsi alla Baita, ho ripreso in mano libri che hanno trovato casa qui perché legati alla montagna o alla natura. Questo brano di Jack London chissà quando l'avevo sottolineato. Sono il tipo che maltratta i libri, piega gli angoli, lascia scontrini della spesa come segnalibro e prende appunti sulle pagine bianche alla fine e sul frontespizio, oltre che sui bordi. Questo brano probabilmente l'avevo trovato bello e molto letterario. Nell'inverno dell'Accadimento l'ho sperimentato anche come molto vero.

Esco per una delle mie passeggiate solitarie lungo un sentiero che porta a una cappelletta sopra la Baita. Ci si arriva con un anello facile e lo conosco a memoria. L'ho percorso decine di volte, in ogni stagione. Attraverso il borgo, dalle gronde pendono stalattiti di ghiaccio, mi diverto a colpirle con un bastone, si staccano con un tintinnio di cristalli e si conficcano nei cumuli di neve. Inizio a salire per i campi candidi. Oggi la neve è manto lieve, una lanugine bianca, il paesaggio è intirizzito. A ogni passo affondo nella neve asciutta e croccante. Salgo sul terreno irregolare e ascolto il mio respiro, mi piace camminare in questa solitudine.

Il cane calabrese gioca a correre avanti e indietro, non mi perde di vista. Dietro a ogni svolta lo trovo ad aspettarmi, scodinzolante e fiducioso. Arriviamo veloci alla cappelletta. Ci sediamo a guardare il paesaggio. Sembra di essere in volo sopra una nuvola densa che copre il fondovalle e annulla ogni presenza umana. Non si vedono i paesini, né i campanili delle chiese, solo le cime e i boschi coperti di neve. Quando iniziamo a scendere verso la Baita, la nuvola ci viene incontro e in poco tempo diventa una nebbia fitta che ci fascia come una coltre impenetrabile. Siamo completamente avvolti dalla nebbia, in una landa gelata che attutisce ogni rumore e rende difficile distinguere il sentiero. Tutto intorno è bianco, il cielo e la terra si confondono. Senza più alcun punto di riferimento, non è facile neppure capire da che parte è il monte e da quale la valle. So soltanto che a valle ci sono degli strapiombi e procedo a piccoli passi, tastando il terreno, per non mettere il piede in fallo. Basta un attimo, per scivolare nel precipizio.

Sono nel Grande Bianco di Jack London, la grande nuvola mi ha inghiottita e mi fa paura. Il silenzio è spaventoso e anche l'udito è intorpidito dal gelo. Vedo solo il cane, che è nero e si distingue nella melassa bianca. Mi sta accanto, non corre più avanti e indietro, e anche questo mi inquieta. Se almeno lui, forte del suo istinto canino, sapesse dove andare, potrei seguirlo.

Sono su un sentiero che dovrei conoscere a menadito, eppure mi sento persa. Fermarsi non è una grande idea, perché il freddo umido entra nelle ossa. Procedere è il minore dei mali e quindi scelgo di andare, ma il cammino è penoso e adesso sono quel verme timido evocato da Jack London, che trema di fronte alla potenza della natura. Quando pensi di avere il controllo, basta una nuvola per riportarti alla tua nullità.

Non c'è un rumore, non c'è un odore a guidare i miei passi, nel bianco più totale mi affido a una sorta di istinto primordiale sperando che non si sbagli. Segui il corpo, non la mente, mi dico. Anche perché la mente sta già pensando con terrore che questa nebbia è la prima avvisaglia di una terribile tempesta che mi inghiottirà e che troveranno le mie spoglie congelate di sventurata persa sulla montagna.

Passo dopo passo intravedo alla fine il limitare del bosco, ma sono in un posto completamente diverso da dove credevo di essere. Non importa, ormai sono in salvo. Nel bosco il Grande Bianco fa meno paura. Ci sono i tronchi degli alberi a dare conforto, il verde scuro degli abeti che trapassa la coltre della nebbia. Tornano anche i rumori, si odono schiocchi di rami e piccoli boati di neve accumulata sulle fronde che crolla al suolo. Mi avventuro lungo un declivio nevoso tra i pini silvestri, sotto gli alberi appaiono chiazze più chiare, spuntano radici e rami secchi. Credo di scorgere una vecchia traccia, ma è solo un avvallamento del terreno. Però ormai il cammino è più sicuro, tra la neve sbucano ciuffi di erba secca e mirtilli ghiacciati. So di essere sulla strada giusta quando, annusando l'aria, sento il profumo inconfondibile della legna bruciata nei camini. Il villaggio mi appare all'improvviso, in uno sprazzo di nitore che squarcia la nebbia, che comunque non si alzerà più per tutta la giornata.

Quando lo guardo dalla finestra della Baita, al sicuro al tepore della stufa, questo Grande Bianco che confonde il cielo con la terra mi sembra addirittura una cosa poetica.

La stalla

È una giornata fredda e uggiosa. Il cielo è grigio, una nebbiolina umida sale dalla valle e porta cattivo umore. Da buona meteoropatica, per scrollarmi di dosso la malinconia a metà mattina decido che è meglio chiudere il computer e fare due passi. Esco con l'idea di scendere in paese a prendere un caffè e vedere qualche umano. La strada è una poltiglia di neve fradicia e scivolosa per niente allettante. Cambio direzione e mi avvio verso il bosco, imboccando il sentiero che sale all'alpe. In verità non ho voglia di camminare e alla prima occasione trovo la scusa per cambiare di nuovo meta. La neve è molle, attraverso i campi sprofondo a ogni passo e questo camminare incerto aumenta il fastidio. Tra i rami spogli dei larici, in uno squarcio delle nuvole basse, scorgo il tetto della fattoria. Il fumo si leva dal comignolo in spirali pigre, si attorciglia e fluttua per poi perdersi nel biancore lattiginoso del cielo. Ecco dove andrò, forse due chiacchiere e un caffè con la Regina delle Caprette sono la soluzione per raddrizzare la giornata.

Arrivo alla stalla, ogni cosa è avvolta dalla nebbia e c'è uno strano silenzio. Nessun segno di attività e nessuno in giro, non la pastora, né il marito, né la figlia che studia per diventare maestra di sci ma intanto aiuta con i formaggi, perché sotto sotto anche lei ha una passione per le caprette. Soltanto i maremmani – chiusi dietro una cancellata – abbaiano come forsennati, mettendo in scena la solita baraonda contro l'invasore. Buoni, buoni, sono io, provo a calmarli. Ma io per loro non sono nessuno, mi accettano solo quando un membro della famiglia è nei dintorni. Oggi continuano imperterriti nel loro compito di abbaiatori seriali. Mostrano pure i denti, per ribadire che io non sono nessuno.

Tiro la cordicella del campanaccio utilizzato come campanello, ma non appare anima viva. Saranno scesi in valle a fare qualche commissione, penso. Sto per andarmene mestamente, pronta a rientrare e rimettermi a fissare inutilmente lo schermo del computer, quando si apre la porta del caseificio.

Ah, sei tu. La Regina delle Caprette ha una faccia tetra che non le ho mai visto.

Entra, dice. La stanza è calda, la cucina economica emana un bel tepore e una pentola cuoce con un borbottio leggero. Tutto in questa giornata è vischioso e rallentato, sembra che la nebbia e l'umido si siano insinuati fin qui.

Alza il coperchio, dà una girata con un lungo mestolo di legno e dalla pentola si leva un buon odore di cibo speziato, mi pare ginepro.

Arrosto, l'ho messo su stamani, deve cuocere parecchie ore.

La Regina delle Caprette ha l'aria stanca.

Sono distrutta, dice.

Non chiedo niente. Ho imparato che non si deve chiedere ai montanari. Se hanno voglia dicono, sennò meglio lasciar perdere.

Si lascia cadere sulla sedia e inizia a raccontarmi della nottataccia in bianco. È il periodo in cui le capre partoriscono. Tra febbraio e marzo ci sono un paio di settimane di attività frenetica, in cui possono nascere anche venticinque capretti in un giorno. E lei è sempre lì, in stalla, per aiutarle. Da come la guardano la sera, lei sa con certezza quali partoriranno il giorno dopo. Le danno piccole testate, si strusciano, la cercano perché sanno che sarà lì ad aiutarle, nume tutelare che non tradirà la loro fiducia. Vogliono essere rassicurate, lei le carezza e le tranquillizza.

In questo periodo la stalla diventa superaffollata. Il numero delle capre raddoppia, i capretti sono dei piccoli diavoli che si arrampicano sui bordi, belano, giocano, cercano le madri. È come stare in un asilo all'ora di punta, quando si lasciano in consegna i bambini alle maestre.

Anche il lavoro raddoppia, tutta la famiglia scende in campo, ma è la Regina delle Caprette il deus ex machina. È lei che assiste ai parti, lo fa da quando è bambina. Nelle fattorie nascite e morti sono cose reali, non episodi della vita da tenere sottovetro, in luoghi lontani, anestetizzati. Qui la vita e la morte accadono sotto gli occhi di tutti, chi può aiuta, ma a dirigere le operazioni è la Regina delle Caprette. Specialmente quando il parto si complica e bisogna essere veloci, per salvare la madre e il piccolo. Non c'è tempo per chiedere aiuto, alle capre un cesareo non si può fare, sette volte su dieci è fatale. Lei sa come girare il capretto se non riesce a uscire, talvolta il veterinario della valle la chiama per risolvere situazioni a rischio con le mucche, perché la pastora ha le mani piccole che arrivano dove non possono quelle grandi dell'uomo.

Chiede se mi va un caffè.

Se cercavo un po' di sorrisi e distrazione, oggi ho sbagliato meta. Ma almeno un caffè non me lo faccio mancare.

La seguo con lo sguardo mentre si muove pesante, lei che in genere è leggera e lesta come un furetto. Prende le tazzine, lo zucchero, il latte, i cucchiaini, posa tutto sul tavolo in silenzio. Anche io sono silenziosa. Non so che dire. Cosa si dice quando sei di cattivo umore e hai davanti una persona ancora più abbattuta di te?

Poi, d'improvviso, è lei a parlare: Stamani mi è morto un capretto. La capra l'ho salvata, ma lui non ce l'ho fatta.

Lo dice come se fosse morto un parente stretto.

L'ho vista arrabbiata, nervosa, irritata, ma mai così demoralizzata. Il dio delle caprette le ha tirato un brutto scherzo. Ma non capisco perché sia così affranta. Nella ruota che fa girare la fattoria, tra due mesi i capretti maschi faranno la fine dell'abbacchio con le patate nel pranzo di Pasqua. Nella stalla rimarranno solo le femmine selezionate per il latte o per la riproduzione. Un capretto morto durante il parto che differenza fa? Glielo chiedo.

Tu non puoi capire, risponde.

Ma nel modo in cui lo dice, in cui si guarda le mani impotenti, nelle occhiaie e nella sua faccia stanca mi pare di intravedere la risposta alla mia stupida domanda.

Ho capito, ma non dirò più nulla.

PRIMAVERA

L'erba, il silenzio, il muovere dell'ombra
e gli steli del vento.

Alfonso Gatto

La Donna dei Fiori

L'odore di bruciato arriva fino dalla Baita, portato dal vento che soffia dalla valle. Deve essere un incendio, penso. Strano però, un incendio in questa stagione.

La neve se ne sta andando. Il versante all'ombra è ancora bianco, mentre i prati al sole sono già un acquitrino, la terra è fradicia, i viottoli un pantano, l'acqua cola dai tetti e scroscia sulla strada del borgo. Di notte gela e diventa una lastra di ghiaccio. Si butta ghiaino con la pala. Si butta la cenere della stufa. Ma lo stesso il ghiaccio rimane e ci ricorda che l'inverno non è ancora finito.

Se è un incendio, bisogna andare a vedere. Zelante paladina del bosco, esco e mi avvio al seguito della densa colonna di fumo; appena fuori dal villaggio trovo la Donna dei Fiori, con un rastrello in mano e una pala nell'altra. È lei che sta dando fuoco ai prati, ormai grigi e lisci come capelli di una vecchia raccolti in crocchia, steli appiattiti dal peso della coltre bianca che hanno portato per tutti i mesi invernali.

È lì di vedetta, per tenere sotto controllo un fronte lunghissimo di fiammelle che corrono veloci nutrite dal vento e dall'erba secca. Mi saluta con un calore insolito.

Le ho ronzato spesso intorno in questi mesi, e quando la incontro ogni occasione è buona per chiederle informazioni sui fiori, su cosa si deve fare con le rose e come far crescere i lupini, su come seccare i semi, su quando potare, quando piantare, sulle erbe commestibili, il momento giusto di raccoglierle, come cucinarle e quali mangiare in insalata. Credo non ne possa più delle domande dei turisti, che la consultano di continuo come una sorta di enciclopedia di botanica. Con me si ferma volentieri a fare due chiacchiere, sono diventata un volto familiare, è tutto l'inverno che mi vede girare qui intorno.

Oggi mi pare più giovane. Sembra che questo fuoco la rinvigorisca, una fiamma purificatrice che si porta via la noia e il gelo dell'inverno. I suoi occhi brillano di gioia.

Indossa scarpe di pelle pesanti da montagna, e un cappello grigio a forma di fagiolo, infagottata in una giacca da sci imbottita con gli inserti colorati sotto le maniche, quelle giacche sformate che si usavano negli anni Settanta. La Donna dei Fiori vive in una casa di pietra nel centro del villaggio vicino al nostro borgo. D'estate là è una meraviglia di colori, i turisti si fermano a fotografare le sue finestre. Sui balconi cascate di gerani rossi, bianchi, rosa, a stelo dritto e francesini. Una robusta pianta di rosa si arrampica e si arrotola sulla facciata fino al tetto, tutto intorno da vasi e contenitori di ogni tipo spuntano corolle di mille sfumature di azzurro, giallo, rosso, rosa, arancione, ciuffi di margherite, calendula, tarassaco, zoccoli di legno pieni di surfinie e petunie e nontiscordardi-

mé e decine e decine di fiori di campo, di ogni foggia e
qualità.

Ora, in questo inizio di primavera, la Donna dei Fiori
è padrona del fuoco e della montagna, e si lamenta che
nessuno vuole più fare le corvée, come si usava un tempo, quando l'intera comunità si prendeva cura dei prati,
puliva il sottobosco, tagliava sterpi e bruciava l'erba sec-
cata durante l'inverno, per dare vigore alle piante e pre-
pararle alla rinascita. Ogni anno si lamenta, ma nessuno
le dà più retta e così – dice – ha smesso di chiedere aiuto
e lo fa lei, alla sua età, da sola. I valligiani del borgo, che
sono per metà suoi parenti, e anche quelli dei villaggi vicini dicono che è un pericolo pubblico, che prima o poi
darà veramente fuoco al bosco. Ma la Donna dei Fiori
non è il tipo che si fa intimorire dalle chiacchiere. Munita
di accendino, pala e rastrello si arrampica con i suoi scarponi di pelle lungo i pendii del versante al sole e brucia le
sterpaglie.

Oggi è particolarmente ciarliera, si vede che le corvée la
riportano ai suoi giorni di gioventù, e maneggiare il fuoco
la esalta.
    Vedi? bisogna cominciare dall'alto, poi scendi, così il
fuoco rimane sempre controllato. Se inizi dal basso, ti
scappa via e non lo controlli più.
    Vedi? dovreste farlo anche su da voi.
    Qui se non bruci diventa un covo di vipere.
    Le vipere sono un altro argomento di conversazione
molto gettonato. La leggenda della valle vuole che le ab-

biano buttate dagli elicotteri per ripopolare l'ecosistema. L'Uomo delle Storie racconta che quando era bambino il Comune pagava chi le cacciava: una vipera viva valeva il doppio di una morta. Le compravano per estrarre il veleno e produrre il siero contro i morsi. I ragazzini del paese, per fare due soldi, andavano a caccia di vipere nelle cataste di legna e sotto i sassi nei prati al sole. Ormai il siero antivipera non si usa più e nessuno va più a caccia di vipere. Così ce ne sono molte e a nessuno piacciono, come i lupi. Più che per gli umani, sono un pericolo per gli animali domestici.

Questa cosa di bruciare i prati mi stuzzica.

Quindi dovremmo bruciare i prati anche noi? chiedo.

Certo, così tenete pulito e viene su un bel prato verde e sano.

La Donna dei Fiori si eccita all'idea che qualcuno voglia cimentarsi in queste vecchie pratiche delle corvée. Si prodiga a darmi informazioni, mi incita a provare.

Per iniziare ci devo buttare la benzina?

Ma no. Che benzina, basta un fiammifero.

Mi raccomando, tenete sempre una pala sottomano. E fate una barriera con la neve. E iniziate dall'alto, come ti ho detto, che sennò parte e non lo fermate più.

Ne parlo al Signor Stambecco, vedo nei suoi occhi una scintilla. È chiaro che anche noi bruceremo le sterpaglie intorno alla Baita, puliremo la mulattiera, faremo sparire gli scheletri dei cardi. La decisione è presa.

Il pomeriggio del giorno dopo, rotti gli ultimi indugi, ci muniamo di pala, rastrello, forcone. Seguiamo alla lettera le indicazioni della Donna dei Fiori, raccogliamo la neve residua in mucchi, facciamo le barriere e appicchiamo il fuoco e la gioia purificatrice avvolge anche noi. Davvero basta un fiammifero perché le fiammelle corrano veloci. Come previsto dalla Donna dei Fiori, il fuoco si ferma dove volevamo e pulisce quello che volevamo pulire. La barriera di neve ha funzionato.

Soddisfatti rientriamo in casa mentre il cielo si fa rosa di tramonto e sul limitare dei muretti a secco, dove gli sterpi erano più fitti, riverbera qualche residuo bagliore di brace. Quando scende il buio, mentre preparo la cena, dalla finestra della cucina vedo ancora brillare una sinistra favilla. Questo non era previsto. Non mi piace affatto. Continua a bruciare per un bel po' e non vado a dormire finché con la pala e qualche secchiata d'acqua non abbiamo spento tutto. Ma questo alla Donna dei Fiori non lo racconterò.

La volpe

Tu hai paura del lupo? chiedo un giorno alla Regina delle Caprette.
Sì. Non per me, ma per gli animali.
E del buio?
No, il buio non mi fa paura.
Io invece ho paura del lupo e del buio.

Una notte tornando a piedi verso la Baita, dietro il muro a secco appena fuori dal borgo dove più fitta è la tenebra, appare la sagoma di un animale. Si ferma in mezzo alla

61

strada, su una chiazza di neve, e punta il muso verso di me, con aria di sfida. A prima vista sembra un cane, ma non è un cane. È un lupo? No, è troppo piccolo, mi dico per rassicurarmi.

Ieri l'inverno ha incipriato per l'ultima volta le cime, uno zucchero a velo leggero fino al confine dei larici. Nel borgo la spolverata si è già sciolta e i tetti gocciolano il disgelo.

Quando penso al lupo, lo immagino un animale enorme e con le orecchie grandi, come quello di *Cappuccetto Rosso*. Il lupo è un incontro che non voglio fare, di notte ho paura, la paura ancestrale del lupo e del buio, che nell'incubo dei bambini si assomigliano. Se c'è la luna, nelle ombre e nei chiaroscuri vedo anche dei mostri, perché ho una immaginazione piuttosto fervida che in certe situazioni – tipo questa – è una vera seccatura.

Affondo la mano nella tasca della giacca, controllo che ci sia la torcia. Ho imparato a non usarla. Meglio abituare gli occhi a guardare nel buio, come dicono i montanari, soprattutto sulla neve che riverbera il biancore della luna. Ma ora la neve si è sciolta o comunque non c'è, quindi quando vedo l'animale stringo bene la torcia. All'occorrenza sono pronta a sparare il fascio di luce contro il selvatico. Più di una volta mi è sembrato di vedere brillare nel buio gli occhi gialli del lupo. Non ho il cappuccio rosso e il cestino, né sto andando dalla nonna, ma sono pur sempre un bel bocconcino. Mi sono convinta che i predatori sono appostati al limitare del bosco e mi scrutano. Soprattutto fuori stagione, quando scendono a valle per cercare il cibo, sento i loro occhi sulla nuca e allungo il passo. È solo una suggestione, mi dico. Poi correggo con un forse.

Ma quell'animale in mezzo alla strada non è un lupo. Guardo meglio, noto la coda lunga e folta. Mi fermo, lo riconosco, è una volpe. Restiamo a scrutarci per alcuni istanti e ho quasi l'impressione che voglia avvicinarsi. Io rimango immobile, lei anche. Annusa l'aria, come a cercare conferma che non sono un pericolo. All'improvviso si gira e in due balzi si infila sotto una lamiera appoggiata contro uno dei ruderi al limitare del paese; e scompare.

Ogni giorno per tutta la settimana, salendo a piedi alla Baita, butto l'occhio alla lamiera. Qualcosa mi dice che la bestia è lì, ne sento la presenza. Sono sicura che mi spia e controlla i miei movimenti. Quella è la sua tana, l'altra notte devo averla sorpresa mentre rientrava da un giro di caccia notturna.

Un po' di tempo dopo, forse è passato un mese, una mattina di sole mentre salgo dal paese con il sacchetto del pane, la volpe esce da sotto la lamiera. Proprio nel punto in cui era scomparsa quella notte. Spavalda, in pieno giorno, padrona del borgo, due volpini le trotterellano dietro. Non mi vede subito, la posso osservare con calma: le zampe scure, la schiena grigia e la coda rossa. È la volpe dei fumetti. Ha sentito il mio odore e si gira di scatto. Si ferma, come quella prima notte, e mi guarda con la stessa aria di sfida. Io immobile, lei anche, i volpini fermi dietro la madre. Quindi fa un cenno con la testa, che nella mia immaginazione è una sorta di saluto. Provo l'istinto di alzare la mano, in un saluto di risposta.

63

Poi l'animale riprende incurante il suo cammino, i volpini incollati alla coda, e il trio sparisce senza fretta dietro un mucchio di neve ghiacciata, verso i prati.

Ogni volta che passo davanti al rudere so che lei è lì. Non la saluto, lei non si è più fatta vedere. L'ho chiamato il Rudere della Volpe. E lei è la Volpe del Rudere.

Camminare

Mi piace camminare. Mi piacciono il gesto e la sensazione di muoversi con le proprie gambe. Guardare un puntino lontano sulla montagna e pensare di arrivarci con le mie sole forze è una cosa che mi dà una certa soddisfazione. Se però non ci arrivo, non ne faccio una tragedia. Ve l'ho detto, per me il bello non è arrivare, ma camminare.

Adesso i crochi spuntano dal terreno, i prati si colorano di giallo bianco azzurro rosa. Campanula, tarassaco, lupino, l'epilobio, in un'armonia perfetta di sfumature.

Le prime volte le gambe sono pesanti, l'affanno inizia subito e non c'è nessun piacere nel salire. Si mette un piede davanti all'altro e si procede, spinti più dalla volontà che dalla forza dei muscoli.

Con il passare dei giorni il fisico si adatta, il corpo impara di nuovo a muoversi su terreni impervi, si ridestano facoltà innate, dimenticate nella vita di città. Si acquista equilibrio, senso di orientamento, le gambe diventano forti, il passo più sicuro. In questo periodo di esilio montano ho camminato molto e spesso, mi sono ritrovata a raggiungere luoghi dove non avrei mai pensato di poter arrivare a piedi. Ci sono arrivata e senza troppa fatica.

Il Signor Stambecco e i figli salgono veloci, io sono lenta. Ho il passo costante di un mulo, posso camminare per ore, ma lo devo fare al mio ritmo. Ho sempre saputo che in montagna si va al passo del più lento, in questo caso al mio. Ma per loro la regola non vale, almeno non quando devono aspettare me. A loro interessa la velocità, in una specie di gara di resistenza il cui scopo è potersi vantare al ritorno di averci messo meno della volta precedente. Talvolta mi sopportano e andiamo insieme, ma per tutti è una pena. Per me, che cerco di essere veloce e mi innervosisco. Per loro, che si fermano ad aspettarmi e si innervosiscono. Quindi meglio separare i nostri destini, li lascio partire e vado da sola.

Dalla Baita ho due o tre mete preferite, che scelgo in base al tempo a disposizione: un'ora, due, tre. Quando cammino sola non mi allontano dai sentieri, che sono sempre gli stessi ma non sono mai uguali, se sai guardare. Le luci, le ombre, i colori cambiano di continuo, a seconda dell'orario e della stagione. Da ogni passeggiata porti a casa un'immagine diversa di paesaggi visti decine e decine di volte. Ora incontri il camoscio, ora la lepre, ora lo stambecco. Nei prati in alto, dove d'estate fischiano le marmotte, c'è un odore di erba e di vento e un sottofondo dolciastro del quale non ho ancora individuato la fonte. Le marmotte fischiano forte e non si fanno avvicinare. L'Uomo delle Storie, che è la memoria collettiva del luogo, dice che con il fischio lungo segnalano la presenza di un predatore di terra, se i fischi sono brevi e intermittenti è un predatore dal cielo, un'aquila o un falco.

Mi piace fare piccole soste. Ascolto, annuso, guardo molto per terra. Le tracce di animali indicano un luogo abitato, ma le creature del bosco di cui si percepisce la presenza raramente si vedono. Il terreno è altrettanto prezioso dei cieli e delle nuvole. Trovo fragoline, lamponi, mirtilli, talvolta funghi o bacche di ginepro. Mi fermo ad assaggiare, colgo qualche frutto, ma non li porto a casa. Il Signor Stambecco e i suoi seguaci vanno veloci e non vedono dove mettono i piedi, non meritano il mio raccolto di formichina lenta. Solo una volta sono finita in un prato così pieno di mirtilli, piccoli e saporitissimi, che dopo averne mangiati a più non posso, il mio lato generoso ha messo a tacere quello vendicativo. Ne ho riempito mezzo sacchetto e li ho elargiti a tutti a cena con grande magnanimità.

Il masso

Di fronte alla Baita, verso nord, ci sono soltanto prati e pascoli e un bosco di abeti e larici e qualche pino mugo, qualche betulla. Sullo sfondo il ghiacciaio del Monte Rosa, con le cime gemelle del Castore e del Polluce. Non sono brava a riconoscere le vette, ma queste due alla fine le ho imparate. Il problema del Monte Rosa è che non è un monte con una cima, ma ha molte creste, quindi la mia ignoranza è in parte giustificata. Sulla sinistra del Monte Rosa c'è il Cervino, che è un po' il re di tutte le cime, ma da casa non si vede. Bisogna salire all'alpeggio o al Lago delle Streghe e allora sbuca dalle nuvole la sua roccia maestosa, una piramide di ghiaccio e neve.

È bello, è la montagna a punta dei disegni dei bambini, ma a me non incute timore e rispetto, come si dice in questi casi. Anzi, gli sono grata perché è così facile da riconoscere e non faccio brutta figura.

«Quello è il Cervino, dietro c'è la Svizzera» è una frase che posso dire senza timore di essere smentita. Sul Cervino mi sbilancio con gli amici che vengono a trovarci alla Baita dalla città e sfoggio tutta la mia falsa sapienza montanara. Sulle altre cime mi prendo sempre il beneficio d'inventario. «Credo che quello sia il Breithorn, ma non ne sono sicura». Mi sento molto un'alpinista ciabattona, anche se non sono neppure un'alpinista. Non soffro di vertigini come il Signor Stambecco, quindi in teoria potrei anche provare a salire una parete, ma la sola idea di scalare qualcosa mi mette ansia; ho paura della montagna e il mio approccio è più timoroso che rispettoso.

Dalla Baita posso camminare per ore senza incontrare villaggi o altri insediamenti umani, se non qualche malga che i pastori usano d'estate in alpeggio. Ce n'è una in particolare, abbandonata da anni, dove mi fermo spesso. Mi siedo su una pietra liscia – che considero la mia pietra – e mi guardo intorno. Prati e rocce. Ascolto il mormorio leggero di una fonte, uno zampillio che non diventerà ruscello, è solo una polla di acqua che sgorga dal terreno. Il bosco poco distante sembra assopito, il vento smuove lieve le fronde e sento il cigolio della porta della baracca, mezza divelta. Potrei dire che è il mio «posto delle fragole», ma vista la natura agreste e montanara di questo racconto porterei il lettore fuori strada, perché più che evocare suggestioni alla Ingmar Bergman qualcuno potrebbe pensare che alla malga ci siano frutti squisiti e deliziosi, invece non è vero. In verità non c'è niente. Né fragole né mirtilli, solo erba e pietra e un ambiente essenziale – quasi primitivo – e una immensa solitudine. Dirò allora che per me è un luogo del cuore, abbastanza lontano dai sentieri da illudermi che sia irraggiungibile agli altri. Non ci ho mai trovato nessuno, in effetti. E nella mia ingenuità mi piace pensare che nessuno si sia mai seduto su quel masso, da dove tutto mi pare più puro e cristallino, anche l'aria mi sembra più fina e trasparente e i pensieri si fanno più limpidi e intimi. Ho portato un taccuino con me nello zaino, per cercare di fermarli sulla carta. Ma come tiro fuori la penna, questi bei pensieri limpidi se ne vanno, perché non vogliono essere catturati. Ho capito che sul masso anche loro vogliono essere liberi e accetto la loro volontà.

Il fatto che io non abbia mai incontrato nessuno non significa che qualcuno non sia mai venuto. Però deve essere questa la sensazione di unicità che cercano gli alpinisti quando salgono sulle montagne per vie mai battute o tentano di raggiungere una vetta mai conquistata prima. Essere la prima a mettere la mano su quella roccia mai espugnata ha per me un fascino relativo. È vero, anche a me piace pensare che il mio masso sia vergine. Ma l'idea di rischiare la pelle per espugnare un masso più in alto la considero una sterile vanità. Qualcuno ha definito gli alpinisti i conquistatori dell'inutile. E mi pare una definizione interessante, anche se per loro evidentemente non è inutile. Forse lo fanno proprio per dare un senso alla propria vita. Ma il concetto non mi appartiene.

L'alpeggio e la malga con il masso per me sono già una meta. Non mi interessano le imprese, non ho bisogno di avventurarmi in luoghi ostili per provare che la montagna riporta l'umano alla sua dimensione finita e mortale. Lo so già, prima ancora di partire.

La montagna è solo nella nostra immaginazione, è una nostra proiezione mentale, non chiama nessuno e non incita a sfidarla. Al contrario, la montagna ignora l'uomo. Guardatela. È una massa di pietra, prati, boschi, ghiaccio che talvolta si combinano con colori meravigliosi, scorci mozzafiato, paesaggi unici. E fin qui siamo tutti d'accordo: la montagna è bella.

Siamo noi umani che pensiamo di doverla avvicinare con un atteggiamento di conquista. O almeno, alcuni tipi di umani, che salgono per provare la propria forza o energia prima di tutto a se stessi, perché alla montagna non interessa chi sei e dove vai. Non è benevola né assassina. Alcuni di questi umani hanno orologi che registrano il dislivello, l'altitudine, i chilometri percorsi. Molti di loro sono più interessati alla prestazione atletica che a ciò che li circonda. Ogni cima, ogni traguardo sono solo tacche da aggiungere a un'ideale lista di conquiste.

Anche la terminologia che si usa per descrivere queste imprese attinge all'immaginario guerriero: «l'assalto alla montagna», «fare la storia», «conquistare la cima», «gli impavidi eroi delle vette». È un mio limite, lo ammetto, ma non ci vedo niente di eroico. Forse lo erano agli esordi dell'alpinismo, quando i primi inglesi sono arrivati sulle Alpi con l'idea di avventurarsi dove prima nessun montanaro aveva mai osato. I valligiani per secoli hanno guardato le montagne dal basso, si tenevano ben lontani dai ghiacciai e dalle cime, li temevano e li evitavano.

Oggi si è perso anche il moto genuino e un po' ingenuo di quegli anni pionieri, dove a guidare gli impavidi eroi più che la rincorsa al mito di una natura purificatrice, all'elemento primordiale che rinvigorisce e reca felicità, era la curiosità positivista della ricerca, l'esplorazione, la scoperta, e la voglia di indagare l'ignoto. Erano più scienziati che alpinisti.

Ormai troppi cercano l'avventura fine a se stessa, è diventato un giochino di massa, salgono facendosi guidare dai gps e si perdono se finiscono in un canalone senza segnale. Si fidano della tecnologia quando dovrebbero prima imparare a leggere i messaggi del cielo e delle nuvole, che si muovono secondo regole precise. Chi conosce la montagna non ha bisogno di consultare le applicazioni per capire quando è il momento di tornare indietro.

Io guardo i prati dal mio masso a misura d'uomo – ovvero di donna – e sono felice così. Mi piace ammirare il paesaggio e mi abbandono a quella sensazione di infinito che solo certi luoghi possono trasmettere. Non ho brama di conquistare alcunché, certa che le grandi vedute non possono essere conquistate perché non appartengono a nessuno, sono lì per essere colte nell'attimo fuggente, come l'arcobaleno. Per me è più gratificante starmene se-

duta vicino alla malga che mettermi in fila indiana per
l'ascensione al Monte Bianco, dove ormai d'estate si assiste a un fenomeno di ingorghi in cresta, un po' come
nelle spedizioni commerciali che portano i clienti in vetta
all'Everest con le bombole di ossigeno.

Vadano pure, io aspetto qui, lontano dalla vetta, seduta
sul mio masso.

Respiro

Quindi, lo yoga. Seduta sul mio masso, mentre gli altri
salgono e io rimango qui, penso che davvero *less is more*,
come si dice. Chiariamo: non sono un'esperta di yoga, non
mi affascinano le teorie New Age, non ho mai partecipato
a ritiri di praticanti a Goa o in altre simili località affollate
di alternativi in cerca di meraviglia, estasi e nirvana.

Ho iniziato a praticare yoga per caso, potrei dire a mia
insaputa. È accaduto sette anni fa a Londra, un venerdì
in un club sportivo dove mi ero iscritta perché aveva una
piscina all'aperto. Lì ho scoperto che gli inglesi nuotano
all'esterno anche d'inverno. E che ci sono appassionati
del cosiddetto «open water swimming», ovvero di nuoto
in acque libere, ovvero di gente che nuota nei laghi e nei
fiumi, in qualsiasi stagione. A Londra in particolare queste schiere di temerari si immergono in costume, senza
muta, nelle acque scure della Serpentine di Hyde Park o
nei laghetti di Hampstead Heath anche nelle giornate più
fredde e io sono andata a guardarli affascinata, perché parecchi hanno una certa età e prima del tuffo si riscaldano

roteando le braccia, felici come bambini. Si capisce da questo rituale e dalle loro facce soddisfatte che nuotare nelle acque gelide di un laghetto in pieno inverno deve avere una sua attrattiva, ma quel tipo di fascino non ha fatto presa su di me. Per ora mi contento del mio club sportivo, dove comunque anche noi delle piscine non ci facciamo fermare dalla pioggia o dal vento che soffia freddo dall'Atlantico. Pensavo fosse una follia, invece è una cosa bellissima e la consiglio a tutti gli appassionati di nuoto che stanno alla larga dalle piscine perché non sopportano i vapori e l'odore di cloro. Dopo un paio di vasche il corpo si scalda e si respira aria fresca, guardando le nubi che corrono, talvolta il sole, molto più spesso il cielo basso e grigio, quasi nero.

Quel mio primo giorno ero salita al piano superiore della palestra cercando un'amica e sono entrata per sbaglio in una grande stanza dove stava per iniziare una lezione di yoga. Non so perché non me ne sono andata subito, se ci credessi potrei dire che è stato il destino a portarmi lì. C'erano una ventina di persone sedute su tappetini color amaranto, con gli occhi chiusi, e l'insegnante – un signore alto, piuttosto anziano, a piedi nudi, con un paio di pantaloncini neri e una maglietta slabbrata sul collo – si è avvicinato a me. Entra, non abbiamo ancora cominciato, mi ha detto. Ho provato a sfilarmi adducendo una serie di scuse: stavo solo cercando un'amica, non avevo mai fatto yoga, non ero sicura di essere capace. Pensavo a quelle pose viste in foto di persone attorcigliate su se stesse, con le gambe in posizioni strane, o in bilico sulla testa.

Mi ha risposto semplicemente: se sei in grado di respirare, sei in grado di fare yoga.

Quindi si è girato e se n'è andato al centro della stanza, si è seduto di fronte agli altri e ha chiuso gli occhi. C'era un posto libero vicino alla porta (non si sa mai, a metà potevo sempre andarmene), mi sono seduta sul tappetino amaranto, ho chiuso gli occhi e ho partecipato alla mia prima pratica.

Alla fine, l'insegnante ha arrotolato il suo tappetino, si è infilato le scarpe – Adidas Stan Smith bianche –, un giubbotto arancione sbiadito e una tuta blu, ha salutato gli altri e se n'è andato. Pensavo che mi avrebbe chiesto qualcosa, che avrebbe fatto un commento, anche perché per la metà del tempo ero rimasta seduta a guardare, non capendo bene cosa stesse accadendo intorno a me, provando a seguire la sequenza dei movimenti e delle respirazioni, con risultati disastrosi. A ben pensarci, come aveva detto, non avevo fatto altro che respirare, ma quell'ora e mezzo era passata velocissima e mi era piaciuto. Mi sentivo stranamente calma, più che dopo un'ora di nuoto. E il fatto mi pareva notevole, degno di ulteriore indagine.

Il venerdì successivo, a mezzogiorno, sono tornata da quel signore con il giubbotto arancione sbiadito, la tuta blu e le Stan Smith bianche: sono particolari che non ho dimenticato, perché per tutti questi anni l'ho sempre visto vestito così, in ogni stagione. Poi ho scoperto che è una sorta di guru, si chiama Michael Saunders e all'epoca di quei venerdì londinesi aveva già passato la settantina, anche se ne dimostrava di meno. È di origine turca, di madre cipriota. Negli anni Settanta ha iniziato studiando direttamente con il grande maestro B.K.S. Iyengar – da cui prende il nome la pratica dell'Iyengar Yoga – e prima di approdare a Londra ha girato il mondo un po' ovunque, dall'India alla Turchia allo Sri Lanka, imparando da altri maestri e insegnando a sua volta.

Si vede davvero che il mio appuntamento con lo yoga era segnato, perché se quel venerdì mattina mi fossi imbattuta in un muscoloso entusiasta contorsionista con tutina attillata, sarei scappata a gambe levate. Invece questo strano settantenne dalle magliette lise, dritto come un cipresso e solido come una quercia, con un velo di capelli grigi abbastanza lunghi da fare un ricciolo sugli orecchi, era un tipo piuttosto interessante e mi ha catturato. Ogni venerdì a mezzogiorno mi sono presentata sul tappetino amaranto e alla fine della pratica qualche volta riuscivo a trovare il coraggio di parlargli. Parlava poco, a dire il vero. Credo fosse abituato alle domande più assurde dei principianti, perché non si è scocciato neppure quando gli ho chiesto se fosse meglio praticare yoga prima o dopo aver nuotato. Adesso capisco la dabbenaggine della domanda e mi sorprendo che si sia preso la briga di rispondermi. «Come ti senti» ha detto.

La stessa risposta mi ha dato quando gli ho chiesto di consigliarmi cosa fosse meglio tra Hatha Yoga, Vinyasa, Yin-Yang, Ashtanga, Bikram o Kundalini. «Come ti senti» ha detto.

Il messaggio era chiaro: se non hai ancora capito cosa è lo yoga, almeno evita di fare domande stupide. Settimana dopo settimana ho smesso di fare domande e sono diventata un'adepta di Michael Saunders, maestro di yoga classico, probabilmente un misto di Hatha e di Iyengar. Si tengono le posizioni per diversi minuti e la sequenza è sempre la stessa, con piccole varianti. Una cosa per niente di moda, insomma. Ho comprato un tappetino mio (non usare più quello amaranto fornito dalla struttura è il primo segno di elevazione dallo stadio di principiante idiota a principiante idiota ma conscia di esserlo). Al venerdì ho aggiunto il martedì, poi il mercoledì, poi il sabato. Lentamente, davvero senza accorgermene, è diventata una pratica quotidiana.

Non pensate che stia ore a testa in giù o che sia una fanatica della meditazione (ci provo con scarsissimi risultati), o che intrecci le gambe come i santoni indù. Sono una neofita e di proposito non ho mai letto un libro o un trattato di yoga, ho imparato le sequenze di base e il nome in sanscrito delle posizioni più comuni, ma ho scelto di non approfondire perché voglio mantenere la purezza dell'ingenuità e dell'ignoranza.

Noi scrittori siamo ansiosi, ossessivi e probabilmente anche un po' paranoici, gente che non ha certo bisogno di riempire la testa con altre teorie e parole, ma piuttosto di svuotarla dalle troppe che la affollano.

Ogni volta che mi siedo sul mio masso alla malga, mi affido al primo insegnamento del guru Michael: respirare. E anche al secondo: *less is more*. E anche al terzo: il peggior nemico è la mente. Non fidatevi della mente, ma del corpo. La mente è vanitosa e traditrice. Non puoi fermare il turbinare della mente usando la mente, ma puoi fermare il turbine negativo della mente usando il corpo. Inspirare, espirare. Inspirare, espirare. Lo facevo inconsapevolmente alternando le bracciate quando nuotavo; lo faccio alternando i passi mentre cammino.

Nel periodo del nostro esilio ad alta quota l'ho fatto in montagna, su un prato, in mezzo al bosco. Svuotare la mente rende calmi, la calma è la porta della felicità, se per felicità si intende almeno l'assenza di pensieri negativi.

Mille volte

A proposito di vanità (concetto applicabile anche alla vanità degli alpinisti), Michael Saunders ci diceva: Chi pratica yoga non può farsi male. Chi si fa male – e sono in parecchi a schiacciarsi una vertebra durante una verticale o a stirarsi un muscolo della schiena o a rimanere bloccati dal colpo della strega – non stava praticando yoga, ma stava seguendo la propria vanità per raggiungere una posizione yoga. Non è la posizione che conta, ma il percorso per raggiungerla. Chi fa yoga non si fa male, perché ascolta i messaggi del corpo e sa quando fermarsi. Se invece segui il messaggio della mente e vuoi fare una cosa che quel giorno il tuo corpo non è pronto a fare – anche se l'hai già fatta mille volte – allora ti fai male.

Vanità contro sicurezza, insomma. E a questo punto vorrei raccontare di un'altra gita di sci alpinismo. Un episodio di qualche anno fa, ben prima che l'Accadimento mi portasse alla Baita, quando eravamo ancora milanesi da week end.

Bella giornata, neve fresca. Siamo un gruppo di famiglia, con il Signor Stambecco capo della spedizione, i figli ancora adolescenti alle prime uscite con le pelli sotto gli sci e vari amici dei figli – gli adepti e seguaci del Signor Stambecco –, io sempre ultima, arrancante a chiudere la fila. Per l'occasione ho messo nello zaino tavolette di cioccolato, biscotti e altre leccornie per rifocillare la truppa di adepti una volta in vetta. Abbiamo un appuntamento con un altro gruppo famigliare, amici con figli e altri ragazzini.

Partiamo con l'intenzione di raggiungere un lago, una meta molto popolare e in genere già battuta, ma quel giorno è appena nevicato e non ci sono ancora tracce. Saliamo e battiamo noi la strada, e a un certo punto incontriamo un'altra comitiva famigliare, composta da padre e figlia, che si uniscono a noi. Non so chi siano, ma conoscono i nostri amici, quindi saliamo insieme. La gita è diventata una scampagnata domenicale fuori porta. Ci piace che i ragazzi accettino di venire con noi e si appassionino a questa montagna lontano dalle piste battute e dagli impianti di risalita, dove si incontrano tracce di animali e si sale in mezzo al bosco. In genere nel silenzio, ma quando portiamo la comitiva e i ragazzi sono tanti e con tanto fiato da sprecare, il bosco si riempie di chiacchiere, risate, battute. È bello anche così.

Per un'ora saliamo attraverso il bosco, poi, appena arriviamo intorno ai duemila metri, quando gli alberi si diradano e inizia la zona dei prati innevati, ci fermiamo per uno spuntino vicino a una malga che d'estate è la base di un alpeggio. C'è anche una fonte dove beviamo un po' d'acqua, si riempiono le borracce e ci si prepara per l'ultimo tratto ripido che manca per raggiungere i laghi dove l'idea è di fare il picnic.

Ripartiamo, ma dopo un quarto d'ora di salita, quando

il versante della montagna alla nostra sinistra si apre alla vista completamente, c'è qualcosa che mi inquieta.

Indico lo sperone di roccia al Signor Stambecco. Ci fermiamo.

Si è accumulata una gran quantità di neve riportata dal vento. Non mi piace, sembra instabile, passare lì sotto mi pare pericoloso.

I figli iniziano a prendermi in giro.

Sei la solita. È una scusa, perché non ce la fai più. La solita mamma che si stanca. Dài, muoviti, manca poco alla cima. Manca mezz'ora. Sì, usano la stessa terminologia del padre, è un lessico famigliare che mi perseguita da quando lo conosco. Anche per loro manca sempre e solo un quarto d'ora o mezz'ora.

No, l'accumulo di neve è troppo grosso. Il Signor Stambecco è d'accordo con me.

La gita finisce qui, niente lago, si torna indietro perché non è prudente andare avanti.

I ragazzi protestano e scalpitano. Scatta l'automatismo dell'adolescente. Se avessimo detto che volevamo procedere a ogni costo, avrebbero voluto fermarsi. Ma ora diciamo che bisogna tornare indietro, quindi loro vogliono proseguire.

I miei figli capeggiano la rivolta. Ma dài, sei una fifona. Devi sempre rovinare tutto. Dillo che sei troppo stanca. Noi andiamo al lago lo stesso.

Voi non andate da nessuna parte. Decidiamo noi, in montagna si va con la testa.

Gli adepti solidarizzano con i figli, ma non osano protestare così apertamente.

Il Signor Stambecco è categorico. La mamma ha ragione, si torna indietro.

Sembra fatta, quando il maschio Alfa con figlia, l'ultimo che si era unito alla scampagnata, irrompe nella discussione con una frase che crea scompiglio nella truppa: «Noi proseguiamo, l'ho fatta mille volte».

Vedi mamma, l'ha fatta mille volte. Andiamo anche noi. Dài, muovetevi.

I ragazzi si stanno ribellando e vorrebbero seguire il maschio Alfa. Adrenalina, vanità, ambizione, sprezzo del pericolo sono certamente più seducenti della prudenza della mamma fifona.

Proviamo a convincere il maschio Alfa che è imprudente, che dal quel versante rischia di venire giù tutto, che non porti la figlia. Vada lui, se vuole. Ma lasci la ragazzina con noi. Niente da fare, insiste per salire, l'ha fatta mille volte e non vede il problema.

Le nostre strade si dividono. I ragazzi mettono il muso – ricordandosi di essere adolescenti prima che adepti –, ma sono costretti a tornare giù con noi. Parlano i figli per esprimere il disappunto generale. Ricomincia la tiritera. Siete sempre i soliti, rovinate sempre tutto. Non ci veniamo più con voi. Vedi che lui ha portato su anche la figlia. Siete insopportabili. Non avete lo spirito dell'avventura. Ma che ci veniamo a fare in montagna con voi.

La litania prosegue per tutto il tempo della discesa e ora, svanite magia e adrenalina dell'ascensione, tutti i mali vengono a galla. Chi si lamenta di una vescica, chi ha uno scarpone che duole, chi ha sete, chi ha fame, chi è stanco. Il malumore serpeggia, i nostri nervi sono messi a dura prova. Conosco la strategia d'attacco dell'adolescente, soprattutto quando è in branco. L'importante è non cadere nella trappola del nemico, non mostrarsi spazientiti e soprattutto non cedere alla voglia di tornare sui nostri passi, accontentarli e salire fino al lago.

Con l'orgoglio della brava madre penso fiera ai famosi *No che aiutano a crescere*, il libro di Asha Phillips riletto più volte. Poi cerchiamo di addolcire il no con una cioccolata con panna sulla terrazza del bar del paese, ma neanche quello rasserena gli animi di figli e adepti. Leggo nei loro pensieri la grande delusione per essersi dovuti sottomettere a questo noioso Signor Stambecco (e soprattutto a quella piaga della moglie), come ho letto nei loro occhi la fascinazione per il maschio Alfa, impavido e rampante.

La sera arriva la notizia. Il maschio Alfa e la figlia sono rimasti sotto una valanga che si è staccata da sotto il roccione. Siamo a cena, cala il silenzio.

Si sono salvati. Lui è riuscito a galleggiare sulla massa di neve che li ha travolti, la figlia ha dovuto scavarla fuori perché era rimasta intrappolata fino alla vita. L'unico danno evidente – a parte la necessità di una probabile psicoterapia lunga anni per recuperare la fiducia nel padre – è che ha perso uno sci.

Gli è andata bene, commenta il Signor Stambecco.

Io non commento neppure, non voglio rovinare con parole inutili il mio momento di gloria.

ESTATE

La natura e la solitudine possono aiutarci a curare noi stessi, le nostre ferite.

Joyce Carol Oates

Confini

Li vedo dalla finestra. Sono in tre: un vecchietto con un bastone da pastore in mano, e il cappello in testa, una donna sulla cinquantina, una ragazza a cui non so dare un'età, potrebbe avere vent'anni come trenta. Sono sul prato vicino al sentiero che porta all'alpe, schierati in formazione di attacco. Chiedo chi cercano. Parla la donna: Cerchiamo i proprietari della baita. L'avete davanti, rispondo.

Hanno un'aria minacciosa fatta di silenzi montanari e di sguardi parlanti. Chiaramente c'è qualcosa che non va.

E perché cercate i proprietari?

Il vecchio e la ragazza rimangono un passo indietro, la donna si fa avanti. Dice che abbiamo tagliato l'erba sul loro campo.

Sulle prime non capisco. È giugno, abbiamo falciato i prati intorno alla Baita, come di consueto, per tenere lontane le vipere e le altre bestie. Ci piace avere un prato rasato e ordinato e adesso è il momento giusto per tagliarlo, diventa folto e verde, perché la notte piove spesso. Non c'è niente di anomalo, anche i valligiani hanno tagliato i prati intorno a casa.

La donna dice che abbiamo sconfinato. Che il nostro terreno finisce un paio di metri prima.

Non ho mai misurato al centimetro dove finisce il nostro terreno, anche perché non ci sono staccionate né paletti. Abbiamo preferito non chiudere la proprietà, perché siamo al limitare del bosco, quassù non c'è mai nessuno e ci piace l'idea di avere uno spazio aperto, senza barriere o cancelli.

La donna insiste, dice che abbiamo tagliato il loro pascolo. Mi fa vedere una pietra da dove si deve tirare una linea ideale verso la montagna: quello è il confine.

Mi sembra una situazione surreale. Tra la linea del masso e il taglio dell'erba la differenza sarà di un paio di metri. Tutto intorno sono prati fioriti, una distesa multicolore di centinaia di metri, che salgono per il versante fino al bosco e, in lontananza, fino a un altro limite invisibile, dove iniziano i terreni della fattoria della Regina delle Caprette. C'è erba per sfamare battaglioni di mucche, mandrie intere. Quando salgono agli alpeggi pascolano tutto intorno alla Baita, non ci sono mai stati problemi. Anzi, talvolta abbiamo recuperato davanti alla porta d'ingresso vitelli scappati e manze impaurite e li abbiamo rimessi insieme alla mandria dietro il filo elettrificato.

I tre non demordono. Due metri di pascolo stanno diventando un caso. Tre generazioni di valligiani in missione, tetragoni come una testuggine, sono venuti per rivendicare i loro diritti su due metri di pascolo. Allora il vecchio – camicia a quadretti chiusa fino al collo e gilet di lana abbottonato sul davanti –, che fino a quel momento era rimasto immobile, allunga un pezzo di carta a quella che penso sia la figlia.

Questa è la piantina catastale, dice lei. E la posa per terra, ci mette sopra un sasso perché il vento non la porti via. Non vengono vicino alla Baita, non entrano sul prato tagliato, rimangono fermi in piedi e mi accorgo che stanno proprio lungo la linea che hanno indicato come confine. Credo sia per non violare la proprietà privata, o quella che ritengono tale.

Se anche avessero ragione – e se abbiamo sconfinato di due metri in teoria ce l'hanno –, il modo mi infastidisce parecchio. Ma che maniere sono? C'è bisogno di questa pantomima, di venire in tre, di portare la cartina?

Alle ruvidezze valligiane ho imparato a rispondere con le stesse armi. In uno sprazzo di memoria mi torna in mente un episodio che avevo completamente rimosso. L'anno precedente era venuta la Donna dei Fiori a rivendicare più o meno la stessa striscia di terreno. Si era informata su che intenzioni avessimo e non capendo io il senso della domanda, mi aveva spiegato che quella era una vecchia mulattiera, quindi si era raccomandata di non recintare la zona, in caso qualcuno avesse voluto passare con le mucche.

Le avevo detto che non pensavamo di mettere recinzioni, che mi sembravano semplici prati e tali sarebbero rimasti. La Donna dei Fiori sosteneva che proprio lì, in quei due metri rivendicati dal terzetto, passava una mulattiera, un sentiero non segnato sulle carte ma vecchio di centinaia di anni, che gli avi degli allevatori del borgo usavano per salire a un alpeggio più in alto. In effetti sulle balze dei prati a monte si intravedono ancora tracce di muretti a secco mezzi diroccati, dovevano essere stati costruiti a inizio Novecento per contenere lo smottamento e creare un passaggio per gli animali. Se anche la mulattiera esisteva adesso non c'era più, ma la Donna dei Fiori era sicura del fatto suo. Mi aveva spiegato che segnava il confine tra i due terreni e doveva essere lasciata libera per circa un metro e mezzo, ottanta centimetri per ogni proprietà.

Forte di queste informazioni, ho risposto al terzetto inquisitore che avevamo tagliato l'erba sulla mulattiera come da indicazioni della Donna dei Fiori. Ho ripetuto la storia degli ottanta centimetri per parte, fingendo una sicurezza che non avevo. Che se la vedessero con lei, se c'era qualcosa che non andava.

Sulle facce dei tre è passata un'ombra di smarrimento. Probabilmente non si aspettavano una riposta del genere da una turista. Comunque, lì c'è la cartina, ha ribadito la donna indicando il sasso, per avere un'ultima parola, che a quel punto era però inutile. I non detti erano più importanti. Chissà cosa c'era davvero, dietro quei due metri di prato, ho immaginato chissà quali altri sgarbi e recriminazioni tra famiglie della valle. Non lo saprò mai, e meglio così.

Se ne sono andati, senza nemmeno salutare, e non li ho più visti. Nelle leggende dell'Uomo delle Storie c'è anche quella di un tizio di un borgo poco distante che, per vendicarsi del vicino che aveva spostato i confini di una sua proprietà, gli aveva bruciato la casa. Poteva finire peggio, penso.

Però la piantina catastale con evidenziato in giallo fluorescente il limite del confine l'abbiamo tenuta, non per sapere quali sono i confini fisici del prato ma come promemoria, utile per avere sempre presente che noi siamo noi e loro sono loro. E che ognuno deve stare al suo posto, a due metri di distanza.

Timo e uova

Bussano alla porta. È un vecchio col cappello e il bastone, camicia a quadretti chiusa fino al collo e gilet di lana abbottonato. Per il fatto che è vecchio, ha il cappello e il bastone da pastore ed è vestito più o meno nello stesso modo, penso sia lo stesso del terzetto generazionale venuto a rivendicare il confine. Focalizzando l'attenzione sulla donna – la più aggressiva –, non l'avevo guardato bene. Mi paiono tutti simili, questi vecchi valligiani. Sono di due modelli. O grossi e pesanti, con pance enormi. Oppure magri, come risucchiati dal freddo, le facce scavate, la braccia nodose, le mani bruciate dal sole e dal ghiaccio, dai lavori nell'orto e con il legno. Questo è magro. Assomiglia davvero all'uomo del confine e il solo pensiero che possa essere lui mi innervosisce. Chissà di quale altra grana valligiana è latore.

La porta è aperta, mi ha visto, non posso far finta di non esserci.

Scusi, dice. Ho visto che vicino alla scala c'è una pianta di timo selvatico. Posso raccogliere un po' di fiori?

La domanda mi spiazza. L'uomo è cortese, se anche fosse il vecchio del confine la questione pare risolta. O almeno credo, vai a sapere quali sono i codici di convivenza sociale, non ho ancora imparato a decifrare certi messaggi.

Comunque sia, certo che può.

Si alza appena il cappello dalla testa, in segno di ringraziamento, e va a prendere i fiori di timo selvatico. Curvo sulle piantine che bordano un muretto a secco, inizia a tagliare con grande cura, usando delle piccole forbici, i preziosi fiori e ne riempie una busta di plastica.

Poi viene a salutare. A cosa le servono, chiedo? Lui mi fa cenno di avvicinarmi e di annusare: dalla busta si sprigiona un profumo buonissimo, più forte del timo normale.

Questa è una pianta miracolosa, dice. È l'antibiotico più potente che esista in natura.

E mi racconta storie di vecchi colpiti da polmoniti letali, dati per spacciati dalla medicina ufficiale, che sono stati guariti con decotti di timo selvatico. Una volta, racconta, un uomo moribondo a cui il prete era già venuto a dare l'estrema unzione si era ripreso grazie a impacchi e decotti di timo e miele. Dice che adesso farà seccare i fiori al sole, è il momento giusto per via della luna e così per l'inverno lui avrà la scorta di medicina miracolosa.

Funziona anche per i reumatismi e la gotta e altro ancora.

Non so quanto di leggenda ci sia nelle guarigioni miracolose, ma certo sono storie che mi affascinano e pure il vecchietto ora mi fa simpatia e tenerezza.

Il giorno successivo sono al tavolo della cucina, sto lavorando al computer e lo vedo riapparire.

Ha un sacchetto in mano. Rieccolo, altro timo, penso.

Bussa alla porta, gli vado incontro.

Mi porge il sacchetto: Queste sono per lei. Uova delle mie galline, razzolano nei prati e mangiano solo erba. Sono le uova più buone della valle, glielo assicuro. Per ringraziarla del timo.

Si alza il cappello, stesso inchino con la testa e poi lentamente, con il passo calmo e un po' traballante con cui è arrivato, se ne va.

Sono rimasta così stupita che mi sono dimenticata di chiedergli chi fosse e dove abitano, lui e le sue galline.

Stelle

Hanno tagliato i prati intorno alla Baita. È il profumo dolce della bella stagione, questa breve parentesi di caldo che qui chiamano estate. Il cielo è azzurrissimo, batuffoli di nuvole bianche e gonfie si danno ritrovo sui picchi nel tardo pomeriggio e prima del tramonto talvolta rovesciano uno scroscio d'acqua. Il temporale estivo dura poco, la mattina dopo il sole è di nuovo caldo e le giornate sono lunghe, senza crema ti ustioni più che al mare. Dicono che l'abbronzatura di montagna sia più bella, ambrata, e che duri più a lungo. È vero.

L'odore dell'erba tagliata è un'esplosione magnifica di profumi, mi è sempre piaciuto, anche quando ero bambina e sulle colline di Firenze segnava l'arrivo della primavera. Ma qui la parentesi dell'estate splendente dura meno, la primavera è bagnata, è disgelo. Qui, perché sia veramente estate bisogna aspettare lo sfalcio dei prati, e allora si può tirare un sospiro di sollievo, il sole asciuga la terra e passeranno i trattori a girare il fieno, raccoglieranno questa bella erba grassa per farne balle con cui sfamare le bestie nelle stalle d'inverno.

Il sole estivo porta una sorta di euforia leggera, un battito di ali di farfalle, una gioia sottile. Finalmente anche per me la montagna non è un luogo ostile. Sono tornati anche i profumi, intensi, quasi sapessero che devono sbrigarsi a dare il meglio, perché il tempo propizio è breve. Arrivano le api. Arrivano le mosche, inseparabili compagne delle mucche al pascolo. Per un po' tutti noi animali di alta quota possiamo godercela, sappiamo che il vento gelido e il freddo ci lasceranno in pace.

Quando arrivano le api tiro fuori la sdraio, la sistemo sul prato davanti alla Baita. Sarà il mio luogo di lettura e di gioia pura. Me ne sto adagiata al sole, in testa un cappello di paglia poco montanaro. Cammino finalmente a piedi nudi sull'erba verde e morbida. Sono un essere primitivo che assapora la maestosità della natura.

La mattina vedo le caprette della pastora uscire dalla stalla e trotterellare allegre verso il pascolo. Anche loro sembrano eccitate dalla bella stagione. Tutta questa erba è una festa, la vita è più facile, la dolcezza di questo tempo propizio è contagiosa.

Con l'arrivo dei turisti gli animali selvatici sono scomparsi. I caprioli e i camosci che pascolavano in una radura lungo il sentiero che porta all'alpe sono saliti, adesso trovano cibo anche a quote più alte, non hanno interesse a interagire con noi umani fracassoni. Nelle camminate li intravedi sulle rocce, ti guardano dall'alto in basso, letteralmente.

Ci sono notti, d'estate, che vorresti dormire sotto le stelle. Il cielo in montagna è diverso da ogni altra cosa. Neanche in mezzo al mare, nelle navigazioni a vela, lo senti così vicino. Al mare il cielo è più scuro. In montagna è avvolto in un bagliore, un'aura che rende la notte di un blu profondo. O forse un grigio perlaceo. Un colore indefinito che comunque non è nero. Le stelle sono gemme brillanti, diamanti incredibilmente vicini, a volte ti sembra che potresti staccarle con una mano, solo allungandola.

La notte di San Lorenzo in montagna ci si stende sui prati e si aspetta. Quando il sole scende l'aria diventa subito fredda, c'è sempre una brezza termica e ci si avvolge in una coperta di lana. Puoi anche sdraiarti sul prato dentro un sacco a pelo e rimanere così, con il naso all'insù, ad aspettare. Cadono tantissime stelle in montagna, secondo me più che altrove. Lo so che non è possibile, ma a noi qui pare proprio che anche alle stelle piaccia lanciarsi nel cielo blu perlaceo e sparire fugaci dietro le vette alte, dietro i quattromila del Monte Rosa. Credo che a frugare nei detriti dei ghiacciai se ne trovino a manciate. Credo che questo sia il vero sublime che va cercando chi ama l'alta montagna.

Lupi

Quando di notte salgo attraverso il borgo, la sensazione che i lupi siano nel bosco non mi abbandona. Io so che ci

sono, anche se in casa mi prendono in giro. E un giorno
di inizio estate anche il Signor Stambecco, scettico e can-
zonatorio, ha dovuto darmi ragione. È successo che un
branco è sceso di notte fino a un villaggio vicino, a 1880
metri di altitudine – un quarto d'ora a piedi dalla Baita –,
e ha sbranato venti pecore di un gregge di quattrocento.
Sono uscita presto, per fare i soliti due passi prima del
computer. Il sole è già alto, è una bella giornata di giugno,
con l'aria ancora fredda e i prati bagnati di rugiada. La
Donna dei Fiori è sul sentiero, china con un coltellino a
raccogliere erbe selvatiche per l'insalata, ne ha riempito
una borsa di plastica del supermercato.

Hai sentito delle pecore?

Non so come avrei potuto, sono appena uscita di casa e
non faccio parte del loro canale di comunicazione, la rete
famigliare e di relazioni per cui ogni notizia si propaga
all'istante, non ci sarebbe neppure bisogno del tg regiona-
le e dei quotidiani locali. Il tam tam tra i valligiani è veloce, anche se spesso si ha la sensazione che all'utente finale
le notizie arrivino come nel telefono senza fili, distorte
dai mille passaggi e dalle interpretazioni di ciascuno. Ho
capito che vanno prese con le molle, le notizie riportate.
Per sapere la verità meglio risalire alla fonte, e stavolta
la cosa è semplice. Basta andare a vedere di persona. Un
passo dopo l'altro, veloce, percorro il sentiero che porta
al luogo del misfatto. Dieci minuti e sono lì.

Sul prato ci sono una decina di pecore sventrate. Un'altra decina di animali sono stati feriti, dovranno essere abbattuti, dicono i pastori. Le reti di protezione ci sono, ma
non bastano. Chiazze di sangue ovunque, il rosso spicca

sul vello chiaro degli animali e ha sporcato i fili d'erba giovane di un verde tenero, le viscere sono sparse tutto intorno, da alcune carcasse spunta il bianco delle costole. C'è un odore terribile di carne morta, e mosche ovunque.

Non ho mai visto una scena così violenta, la prima associazione mentale è con un campo dove si è consumata una battaglia. Qui è andata in scena la lotta per la sopravvivenza, ma l'impressione è che sia stata piuttosto una lotta tra il bene e il male, dove il male è il lupo, il carnefice che ha fatto le sue vittime.

Gli uomini della guardia forestale si aggirano sulla scena del crimine, cercano di tenere alla larga i curiosi, quindi anche me. Circolare, via, non c'è niente da vedere, dicono, ma non è il tono perentorio che usano le forze dell'ordine in città, quando in attesa del magistrato si tira il nastro a strisce per impedire l'accesso agli estranei. Qui non ci sono estranei, tutti si sentono coinvolti, la prossima volta potrebbe toccare al loro gregge, alle loro galline, ad altri animali domestici. Si sentono minacciati, ognuno ha la sua teoria ma il nemico è lo stesso per tutti: la politica e Roma sono più pericolosi dei lupi. Un attacco del genere non si era mai visto nella regione.

Non sono lupi, sono diavoli, hanno abbattuto anche le reti. Per noi il gregge è soldi e vita. Gli ambientalisti vengono a dirci come dobbiamo vivere, hanno voluto ripopolare la montagna di lupi, colpa loro. Se spari a un lupo finisci in galera e quelli giù a Roma se ne fregano, loro rubano e intrallazzano e non capiscono le nostre ragioni. Adesso metteranno su una commissione e intanto noi facciamo la fame. A loro che importa di una decina di pecore?

Sono le voci della montagna. Frasi che avevo già sentito e che sentirò spesso, come un refrain, con il solito sottofondo delle ragioni della montagna contro le ragioni degli ambientalisti, della politica. Se fosse un campionato sarebbe La Montagna contro Il Resto del Mondo.

I commenti si intrecciano mentre si aspettano dei veterinari della Asl, che dovranno ufficializzare la natura dell'attacco, ma tutti già conoscono il responso: lupi.

C'è sbigottimento e rabbia, sono arrivate altre persone, riconosco qualche volto del paese basso e del villaggio in alto, commentano in *patois*, ma ormai sono in grado di capirli. Perdo le singole parole, non il senso generale del discorso.

La colpa da queste parti è quasi sempre di Roma, quell'entità astratta che identifica vagamente lo Stato italiano, qualcosa di lontano e ostile, che non capisce le esigenze della gente di qui. L'hanno mai visto un lupo a Roma? Sanno quanto costa una pecora?

Ancora le voci della valle. Certo che non lo sanno, loro stanno dietro le scrivanie e non hanno idea di cosa significhi gestire un allevamento. La fatica della stalla e del pascolo. Le difficoltà quotidiane di vivere a queste altitudini, dove finiscono i boschi e iniziano i prati e l'aria si fa sottile come i ricavi della pastorizia. Così, da Roma hanno deciso di ripopolare le montagne di un predatore che si era estinto, perché in questa girandola di interpretazioni e considerazioni un fatto è certo: da più di un secolo non si vedevano lupi in queste zone e adesso sono tornati.

Si favoleggia di diversi branchi, che vengono avvistati un po' ovunque, nello stesso giorno, anche su versanti diversi e a molti chilometri di distanza. Perché i lupi affamati corrono veloci e coprono lunghe distanze in cerca di cibo.

Mentre altri pastori aiutano a radunare le pecore scappate e disperse sul pendio della montagna, me ne vado con l'odore del sangue nelle narici e una domanda a cui non so dare risposta: chi ha ragione? Se la legge della natura ha reso il lupo un predatore, è giusto che si cibi delle sue prede. Ma se la legge del predatore ha reso l'uomo più forte del lupo, perché non permettere agli allevatori di ucciderli, se minacciano il loro gregge?

Per gli ambientalisti la colpa non è del lupo, ma dell'uomo intervenuto in modo devastante sull'ambiente, riducendo gli spazi incolti, disboscando e sbilanciando l'equilibrio ecologico, quindi costringendo il lupo ad attaccare gli animali domestici perché non trova più cibo nei boschi. Per la guardia forestale l'attività predatoria del lupo permette di tenere sotto controllo l'eccessiva proliferazione di specie animali che, altrimenti, risulterebbero distruttive o nocive per l'ecosistema.

Per gli allevatori gli indennizzi sono solo una presa in giro. Una mucca, una pecora, una capra non si possono ripagare solo in termini di soldi. Sono anni di lavoro, selezione genetica, passione, fatica. Il lupo non andava lasciato scorrazzare libero e riprodursi senza regole fino a formare branchi incontrollabili.

Il lupo, che è un animale intelligente e tattico, da parte sua ha capito che l'uomo non è più un pericolo e si avvicina sempre più alle case, ai villaggi, agli animali domestici.

L'aquila

Quando meno te lo aspetti, la natura selvaggia ti viene incontro, a ricordarti che la natura idealizzata dagli umani non è quella reale. Più volte, in questo anno alla Baita, passeggiando in boschi non troppo remoti mi sono imbattuta in resti di animali. Poteva essere il codino bianco di una lepre selvatica tra le frasche, o il cranio candido di una bestia di piccole dimensioni – forse una marmotta –, o lo scheletro di una più grande. Ossa, per lo più. Ormai scarnificate, avevano perso il loro messaggio macabro, se così lo vogliamo chiamare.

Una mattina, poco lontano da un sentiero che d'estate si riempie di turisti, zaini colorati e cappellini con visiera, ho sentito odore di selvatico e di sangue fresco, lo stesso del gregge sbranato dai lupi. Ho cercato, perché lo sapevo già cos'era quell'odore, e ho trovato, seminascosto nell'erba alta, il corpo di un camoscio mangiato per metà. La pancia ripulita, le viscere sparse sull'erba, le zampe, la coda e la testa ancora intatte. Dalle dimensioni doveva essere un animale giovane. Qui lo spettacolo era veramente macabro, direi anzi raccapricciante. Che fare? Dovevo forse chiamare la forestale? Ma perché poi. Se l'avevano iniziato, sarebbero tornati a finire il pasto. Il giorno dopo la carcassa non c'era più, solo le macchie di sangue sul terreno e i ciuffi di pelo erano lì a ricordarmi che non era stata un'allucinazione.

Qualche volta la natura selvaggia te lo ricorda anche dal cielo, che a questa quota tu umano sei una minoranza in mezzo alle altre bestie. Ero uscita a prendere qualche pezzo di legna per la stufa quando sul terreno è apparsa un'ombra gigante. Il sole era alle mie spalle e l'ombra si avvicinava facendosi sempre più grande. Poi il sibilo, come di un'ala che taglia il vento. Grazie alla mia nota propensione a immaginare disastri ho subito pensato a un aliante in caduta libera, a un deltaplano fuori controllo. Quindi ho sentito un piccolo tonfo, un rumore sordo. Come ho girato la testa l'ho vista: erano sì ali, ma di aquila. Per imperscrutabili motivi si era abbassata fino a sfiorare l'abitazione degli umani e gli artigli avevano perso la presa. Ora c'era sul tetto una lepre selvatica, anzi metà, la parte posteriore: il sedere in aria, le zampe piegate come per spiccare un salto, il codino bianco che vibrava al vento.

Prima che mi rendessi conto della dinamica del fatto, l'aquila era già lontana. Adesso la vedevo sull'altro versante della valle, un puntino che si allontanava leggero, con nobile eleganza, per poi sparire dietro la montagna.

Nei racconti tragici dell'Uomo delle Storie ci sono bambini lasciati da soli al pascolo portati via dall'aquila, e anche capretti, cani, altre piccole bestie ghermite dagli artigli. Mai il contrario. Che l'aquila depositasse la sua preda su un tetto non si era mai sentito. Il mio primo pensiero è andato agli aruspici e alla Sibilla Cumana. Quale nefasto presagio poteva significare questo fatto? Perché, oltre che catastrofica, sono anche superstiziosa. Ho subito consultato l'Uomo delle Storie: era segno di iattura per l'abitante della casa? Ha voluto dettagli e racconti precisi e anche una foto del cadavere sul tetto. Forse è opera di un gipeto, ovvero un grosso falco, ha detto, anche se gli sembrava strano perché il gipeto si ciba di carogne e non di lepri fresche. Comunque, negli annali della cabala e nelle leggende della montagna non c'erano precedenti di sfiga connessa a episodi del genere, e quindi potevo stare tranquilla.

Rassicurata sulla malasorte, aquila o falco che fosse l'autore, che venisse a riprendersi il mezzo corpo del misfatto. L'Uomo delle Storie ha consigliato di rientrare in casa e di non farsi vedere. L'aquila sarebbe tornata. Infatti, è puntualmente ricomparsa. Da puntino nero in lontananza l'ho vista avvicinarsi, sempre più grande, scendeva maestosa e leggera, in volteggi concentrici, come lungo una spirale invisibile che la portava sempre più vicina alla Baita. Planava sul bosco, girava verso la valle, passava sopra al tetto, così rasente che dalla finestra potevo vedere le penne delle ali vibrare nell'aria. Allora mi sono allontanata dal vetro, perché con la sua proverbiale vista da aquila non mi scorgesse. Descriveva cerchi sempre più bassi, finché non ha riprovato una picchiata; di nuovo l'ombra gigantesca ha oscurato il sole e ho sentito un rumore, un altro tonfo sordo. Quindi l'ho vista allontanarsi, facendosi portare dal vento verso il ghiacciaio, e mi è parsa ancora più regale e leggera, impassibile di fronte al mancato obiettivo.

Gli artigli avevano solo sfiorato la preda e la povera mezza lepre era ancora lì, anche se in una posizione più composta, sdraiata su un fianco. Ho aspettato un altro quarto d'ora ma l'aquila non si è più fatta viva.

È vero che la lepre sul tetto non configurava un presagio di sciagura, ma l'idea di andare a dormire con una mezza bestia morta sulla testa non mi piaceva affatto. Ho preso una pala e ho rimosso il corpo. Detta così sembra una pagina di Stephen King, ma è proprio quello che ho fatto. Ho portato il cadavere lontano dalla Baita, l'ho lasciato al limitare del bosco. La mattina dopo non c'era più neppure un osso. La natura non è sprecona, qui non si butta via niente, tantomeno una preda già cacciata per te. Dev'essere questo che si intende per equilibrio naturale.

Paura

Il lupo non l'ho ancora incontrato di persona, ma ho visto cosa è capace di fare. Sempre più spesso, nelle storie passate di bocca in bocca tra i valligiani, si parla di avvistamenti e di carcasse di animali selvatici trovate anche vicino al paese. In questo inverno i lupi sono diventati più spavaldi, scendono dalla montagna senza paura e si avvicinano all'allevamento della Regina delle Caprette. Li sento ululare, al limitare del bosco. Sono lunghi lamenti gutturali, alcuni rochi, altri acuti. I tre maremmani a guardia della stalla iniziano ad abbaiare, si scatena una canea che va avanti per un pezzo. Non smettono finché i lupi non se ne vanno.

Una sera la cagnara non finisce più, continua per oltre un'ora. Gli ululati dei lupi e i latrati dei maremmani vanno a ondate, sento rumori, sembra che si avvicinino e si allontanino. Mi immagino che si stiano rincorrendo lungo il pendio della montagna, penso che potrebbe es-

sere una trappola per i cani. La Regina delle Caprette mi
ha raccontato storie di adescamenti, dice che i lupi sono
intelligenti e furbi, hanno sviluppato delle tecniche per
liberarsi dei cani. Mandano una vedetta in avanscoperta
con lo scopo di attirarne uno solo, farlo allontanare dal
gregge e portarlo verso il bosco, dove il resto del branco
aspetta per attaccarlo.

Sono sola in casa – figli e marito sono scesi in città per
qualche giorno –, è notte, è buio, fuori ululano i lupi, il
bosco è scuro: ecco l'inizio di una favola. Gli elementi
per una storia di paura ci sono tutti e l'irrazionale prende
il sopravvento, vado a controllare che la porta sia chiusa a chiave. Continuo a ripetermi che è assurdo, sono
perfettamente conscia che i lupi non possono attaccare
dentro casa, ma in questo momento ho paura del lupo
come i bambini nella cameretta hanno paura dei mostri
nascosti sotto il letto. È una paura sorda, che prende alla
pancia, credo sia la cosa più simile al sentimento atavico
che ha fatto del lupo l'essere demoniaco, incarnazione
della cattiveria e del male, compagno di streghe e vam-
piri, l'animale nemico dell'uomo per eccellenza. Mi passano davanti le letture dell'infanzia: *Cappuccetto Rosso,
Il lupo e i sette capretti, I tre porcellini* sono tutti lì con
me, presenze immateriali ma reali, le fiabe di Esopo e dei
fratelli Grimm si popolano di occhi gialli e denti aguzzi,
anche i lupi mannari fanno capolino e prendono forma
nell'iconografia che per secoli ha spaventato e affascinato
gli esseri umani.

Accendo il faretto all'esterno della Baita. Un fascio
di luce bianca illumina il prato, tutto intorno è deserto,

non c'è ombra di esseri viventi. Ora i lupi e i cani hanno smesso il loro gioco di guaiti, tutto è silenzio, ogni cosa pare di nuovo al suo posto. Se ne saranno tornati nel bosco, penso. Vorrei chiamare la Regina delle Caprette per sapere cosa è successo, se per caso sono entrati nella stalla, se erano davvero lupi. Guardo l'ora, è troppo tardi. Alla fattoria si svegliano prima dell'alba per la mungitura. Di sicuro non stanno dormendo, visto il baccano, ma non è comunque il caso. Meglio che vada a dormire anche io.

Spengo il faretto esterno, il paesaggio ripiomba in una tenebra densa, non c'è la luna e si vede solo la luce di un rifugio sull'altro versante della montagna, brilla flebile come una fiammella. Ancora mi tornano in mente le frasi delle fiabe di Calvino: «Cammina cammina, appare una lucina in fondo al bosco». C'è silenzio, cani e lupi sembrano aver trovato pace, vado a letto ma non riesco a prendere sonno. Leggo, con l'orecchio teso, pronto a captare il minimo rumore. Che non arriverà più per tutta la notte. Alla fine mi addormento, ma è un sonno leggero e pieno di risvegli e ogni volta devo farmi violenza per non andare a controllare, accendere ancora la luce esterna, fare il giro di porte e finestre.

Altre volte ho sussultato sentendo passi di animali sulle lose di pietra del tetto, che nella sua falda a monte è molto basso e quasi non c'è stacco con il prato. È facile per le bestie saltarci sopra. Lo fanno alcuni gatti del borgo, cacciatori notturni in cerca di cibo, per raggiungere un piccolo balcone dove talvolta dimentichiamo del cibo o i sacchi della spazzatura. Sono passi felpati e silenziosi, il rumore è provocato dalle lose smosse. Altre volte sono lepri, che soprattutto in primavera popolano i prati a nord della Baita, verso il ghiacciaio. Ho imparato a riconoscere gli animali dagli escrementi. Quelli delle lepri sono palline bianche, leggere come cereali di riso soffiato, ma più grosse. Talvolta ho sentito anche passi secchi e duri, il rumore degli zoccoli di un ungulato, probabilmente caprioli. Una sola volta erano passi pesanti, e ho pensato a scarponi calzati da piedi umani, e allora ho tremato davvero, perché quello è il predatore più pericoloso.

Al lupo, al lupo

Sono alla fattoria. Sono le dieci di mattina, la Regina delle Caprette ha finito la mungitura e sta facendo il formaggio. Mentre gira il latte nei pentoloni e aspetta che il caglio divida la proteina dal siero, parliamo di figli, di mariti e di altre cose. Quella mattina mi sta raccontando progetti per il futuro, vuole costruire un edificio dalla parte opposta delle stalle per farci un agriturismo.

All'improvviso il grido del marito. «Il lupo, il lupo». Schizziamo fuori. Dalla stalla esce anche la figlia.

Eccolo, è lì, a un centinaio di metri. Grigio chiaro, quasi bianco, ha le forme di un pastore tedesco ma è più grande e magrissimo. Ha le costole in vista e la coda particolarmente lunga, sembra l'animale stilizzato dei graffiti rupestri, o dei papiri egizi. Un particolare mi colpisce: la lingua penzoloni di lato da una bocca enorme (nonnina, che bocca grande hai. È per mangiarti meglio, bambina mia). Il lupo è a un centinaio di metri dalle stalle. Guardo la Regina delle Caprette e il marito. Vedo un lampo nei loro occhi, lo so che vorrebbero prendere il fucile.

Se il lupo si avvicina, lo faccio secco. L'hanno detto mille volte.

Il marito entra in casa veloce, ma esce con un binocolo.

No, non spareranno. Non possono e non sono stupidi, il lupo è animale protetto, la guardia forestale ha mille occhi e soprattutto orecchi.

Intanto, la Regina delle Caprette ha liberato i maremmani. Quello possono farlo, è l'unica difesa. I cani sembrano impazziti, partono all'inseguimento. Inizia una rincorsa forsennata. Il lupo scappa verso il bosco. I cani lo inseguono, sono tre contro uno.

Il marito segue la caccia con il binocolo e fa la telecronaca. La cagna più vecchia fatica a tenere il passo, eppure non rinuncia alla galoppata. I due maremmani più giovani stanno per raggiungerlo, i loro nasi sembrano attaccati alla coda del lupo, si capisce che è sfinito, probabilmente ha cacciato tutta la notte e si è avvicinato alla fattoria per disperazione, in pieno giorno, in un tentativo estremo di trovare qualcosa da mangiare. Sono vicinissimi, pare che volino sul prato, che nemmeno lo sfiorino. Ma il lupo è più leggero, recupera terreno.

La Regina delle Caprette urla ai cani, il marito pure, io assisto alla scena con uno strano senso di euforia. Spero che lo prendano, quel maledetto lupo che turba i miei sonni. Ma so anche che non basta prendere un lupo solitario per risolvere il problema degli attacchi ai greggi.

Continua la telecronaca: Ha la lingua penzoloni, dài che lo prendono.

Quando il lupo e i cani si infilano nel bosco e spariscono alla vista, le urla degli allevatori si calmano e subentra l'ansia.

Speriamo bene, dice la Regina delle Caprette.

Finché i maremmani non riappariranno tra gli alberi, il timore non dichiarato di tutti è che sia una delle famose trappole ordite dai lupi, che il branco sia in attesa nel folto della macchia e che gli inseguitori stiano per diventare prede.

Dopo un quarto d'ora vediamo spuntare i tre maremmani dal bosco, attraversano il pascolo con una corsa barcollante, spossati. La vecchia cagna procede trotterellando, è stremata, adesso ha lei la lingua penzoloni.

L'hanno lasciato andare, dice il marito.

Si fermano al limite dei nostri pascoli, dice la pastora.

Mi spiegano che i maremmani sono animali territoriali, difendono il gregge, non sono dei cacciatori.

I cani sono tramortiti dalla fatica, stanchi ma visibilmente felici. Sanno di essere stati bravi.

La pastora, il marito e la figlia li accolgono come eroi.

Bravi, bravi. Che campioni.

Hanno fatto il loro dovere. Hanno difeso la fattoria, hanno cacciato il lupo e sono tornati sani e salvi.

Bravi, bravi. Carezze, complimenti e un bel pezzo di formaggio come premio per ciascuno.

Alla fine l'ho visto, questo maledetto lupo. E ora mi fa meno paura.

Demoni

È mattina, sento l'elicottero del soccorso alpino in volo sopra la Baita. Passa spesso da qui, credo che a seconda del vento questa sia una rotta per l'ospedale di Aosta. Sono al computer, sto lavorando, mi affaccio alla finestra. Il rumore dell'elicottero – per me madre apprensiva che pure si finge noncurante – è una fonte suprema di ansia quando i figli sono in giro per la montagna. Ma oggi non sono usciti e quindi posso prendermi il lusso di seguire le sue evoluzioni con un'ansia limitata, anche se il ronzio giallo e rosso del soccorso è comunque inquietante: non è mai una presenza neutra, c'è sempre qualcuno in pericolo. Anche quest'estate ci sono stati morti sul ghiacciaio, alpinisti spariti in un crepaccio, escursionisti precipitati sulle rocce, due ragazze sorprese dalla tormenta morte assiderate in vetta. Altre volte sono turisti finiti nei guai per imperizia, o colpiti da un malore, o persone scivolate banalmente mentre erano a far funghi. In montagna si muore.

Di norma l'elicottero va dritto verso una cima o nello spiazzo in paese dove arrivano le ambulanze. Stamani fa strani giri. Scende in un canalone proprio in fondovalle, sull'altro versante, poi si alza, come se dovesse partire con il suo carico dolente diretto ad Aosta. Peggio ancora quando vola basso, lungo la valle, allora significa che la destinazione non è l'ospedale ma l'obitorio. Invece oggi ronza in alto e poi torna giù. Lo vedo volteggiare come un'aquila, fa picchiate e risalite, senza una logica apparente. Bizzarro, penso. Forse ho visto male, non era l'elisoccorso, ma un altro velivolo che porta materiali da costruzione o vettovaglie ai rifugi in quota.

Il tam tam dei valligiani di nuovo è subitaneo. In un paio d'ore la notizia è già arrivata fin qui. Una mandria di cinquanta mucche è caduta in un dirupo dopo una corsa folle di cinque chilometri dall'alpeggio intorno ai duemila metri in cui l'allevatore le aveva lasciate. Già è anomalo che le mucche corrano, vista la mole e l'indole paciosa. Che poi corrano all'impazzata per cinque chilometri scendendo a dirotto da un alpeggio è ancora più incomprensibile. Che alla fine si buttino giù da uno strapiombo, in una sorta di suicidio collettivo, è inverosimile.

Però è successo. E una quarantina di capi sono morti sfracellandosi contro le rocce. Una parte sono feriti gravemente e saranno abbattuti. Ecco spiegato il volteggiare anomalo dell'elicottero, quel suo scendere e salire nel tentativo di recuperare le bestie superstiti intrappolate nel dirupo, quel volo mortifero di mucche imbragate e depositate senza vita sul prato.

A memoria di valligiano non è mai accaduto un fatto simile. Lo sconcerto è unanime, le ipotesi variegate – lo spavento provocato dal drone di un turista, il rombo di una moto fuoristrada, si parla anche di dispetti tra pastori. Più che ipotesi, le solite voci della valle che si rincorrono e si distorcono e ognuno ci aggiunge del suo. Ma in attesa dell'inevitabile indagine che si chiuderà con un probabile nulla di fatto, alla fine il pensiero di tutti va ancora una volta in una sola direzione: lupi. Un attacco in grande stile, si sussurra, un grosso branco con una tattica precisa di accerchiamento. Solo questo, dicono i valligiani, può aver spaventato a tal punto una mandria così numerosa.

Al solo pronunciare la parola serpeggia la paura, come sempre quando si parla di lupi. E la paura diventa rabbia sulla bocca degli allevatori, che si sentono impotenti, disarmati in una lotta impari e sempre più problematica. Le doppiette negli armadi dei cacciatori fremono, ma adesso uccidere un lupo è un reato penale e nessuno si azzarda. Si sfogano a parole. Nei giorni seguenti, al bar del paese è tutto un congetturare e un minacciare: prima o poi vedrai... fai che mi vengano sottomano... se solo potessimo... questi maledetti ormai scendono anche vicini alle case...

La corsa delle mucche nel burrone rimane comunque un episodio misterioso. Se fosse accaduto nei secoli passati si sarebbe ricorsi al soprannaturale per trovare una spiegazione. Le leggende di queste zone sono popolate di demoni e anime in pena che si presentano ai pastori sotto forma di lupi o altri esseri malvagi, chiedendo particolari rituali per essere salvati dalla dannazione. Le montagne sono il luogo dove avvengono magie e di creature dell'oltretomba che infestano villaggi e malghe. In ogni frazione ci sono croci, cappelle, ex voto, tabernacoli eretti da pastori graziati dal lupo o da qualche altro essere maligno, e si narra di preti pratici di magia, contenuta nei libri sacri, con cui potevano accedere al mondo dell'occulto e che usavano per proteggere i parrocchiani.

L'unica cosa certa è che il lupo non c'era più e ora c'è di nuovo. E torna a popolare l'immaginario come nelle vecchie leggende.

Il *ghiacciaio*

Prima di diventare adepti del Signor Stambecco, i nostri figli erano bambini normali che si lagnavano se li portavamo in passeggiata. Quando salivamo in valle per le vacanze estive, avevano amici con cui giocare a pallone nei prati del paese. Volevano andare al parchetto delle altalene o al tiro con l'arco insieme ai compagni di scuola. Rognavano per avere il cono ogni volta che passavamo davanti alla gelateria e preferivano stare a costruire carretti sganghe-rati con vecchi pezzi di sci, più che essere trascinati sui sentieri in camminate di cui non vedevano lo scopo.

Erano già piuttosto selvatici, nonostante fossero nati e cresciuti a Milano. Maneggiavano fuochi e martelli e ogni tipo di attrezzo, compreso un trapano che riuscivano non so come a farsi prestare da un maestro di sci che abitava dietro casa. Avevano costruito una casetta sull'albero, ca-lamita per gli altri bambini del vicinato e fonte di scandalo per mamme cittadine apprensive. Un giorno qualcuno ha attaccato un cartello sulla scaletta che ci metteva in guardia sulle responsabilità civili e legali se qualcuno si fosse fatto male. Con il mio passato agreste, come avrei potuto impe-dire ai miei bambini di salire sull'albero senza sentirmi pro-fondamente ipocrita? La casetta è rimasta al suo posto e si è arricchita di cuscini e coperte, covo ancora più interessan-te in quanto adesso era considerato proibito e pericoloso. Dopo il cartello, i bambini del vicinato sono raddoppiati.

Escogitavo trucchi per portarli in gita. Una buona trovata era menzionare la parola «lago». Il lago ha una sua innegabile attrattiva. Lì potevano entrare a piedi nudi nell'acqua a pescare girini, costruivano barchette di corteccia e una vela con un foglio di quaderno, facevano saltare sulla superficie immobile dei sassi piatti di cui si erano riempiti le tasche durante la salita, ed erano lunghe sfide a chi faceva più rimbalzi.

Oppure andavamo alla valle incantata – non so se abbia un vero nome, così la chiamiamo ancora nel nostro lessico famigliare. Una valle perfetta: una salita facile, un bel prato, un ruscello dove costruire dighe di sassi, un boschetto sotto le cui fronde fare un picnic, una roccia non troppo alta dove i figli si arrampicavano legandosi con delle corde e si fingevano alpinisti.

Poi, durante il fine settimana arrivava il Signor Stambecco, con velleità di vette più ambiziose. I laghi e la valle incantata per lui non erano neppure da prendere in considerazione, gite da turisti della domenica.

Un giorno inizia a dire che dobbiamo assolutamente portare i figli sul ghiacciaio.

Portaceli tu, la sola idea di inerpicarci per una gita di otto ore lungo una morena pietrosa, fino a tremila metri, con i bambini, mi sgomentava. Mi prefiguravo le lagne e le lamentele, e avrei dovuto sorbirmele io. Correggo: principalmente io.

Le foto di noi quattro seduti al sole sugli scalini del Rifugio Mezzalama – stanchi ma felici, come si dice in questi casi – testimonia chi abbia avuto la meglio, anche quella volta. Il Signor Stambecco è un idealista e un ottimista nato, per lui tutto è sempre fattibile. Ha iniziato a indottrinarli sulla bellezza del ghiacciaio, sulla neve eterna. Se fossero saliti fin lassù, forse avrebbero potuto incontrare anche uno yeti. Era bravo già allora a intortare gli adepti e quel giorno li ha fatti camminare raccontando di Pescegatto e Balena, due personaggi delle storie della buonanotte, creati dalla sua fantasia. Amici per la pelle, Pescegatto era piccolo, furbo e scattante, ma un gran pasticcione; Balena, grosso, tonto e lento, era però quello che risolveva sempre i disastri e le situazioni in cui si era cacciato Pescegatto. Di questi racconti ricordo poco, a parte che gli sci di Pescegatto erano fatti con stuzzicadenti e quelli di Balena erano gli stecchi del Pinguino Sammontana.

Ancora oggi il Signor Stambecco è convinto che il merito di averli portati su sia suo. Io credo che il contributo principale sia mio, che mi ero dotata di un sacchetto di noccioline americane e le disseminavo lungo il percorso. Guardate, di qui è passato Super Pippo. Eccone un'altra, se le mangiate diventate fortissimi, vi vengono i super poteri.

Grazie a tutti quanti – Pescegatto, Balena e Super Pippo – siamo giunti al Mezzalama, metri 3036, intorno a mezzogiorno, al passo di un buon camminatore adulto. Per la verità sono arrivati prima i bambini, che gli ultimi metri li hanno corsi volando avanti a noi, eccitati dall'altitudine e dalla vista degli alpinisti che tornavano dalle vette alte, dalle cime dei quattromila. Esseri affascinanti, ai loro occhi. Loro sì, veri super eroi con super poteri, e attrezzature da sogno: moschettoni, corde, piccozze, caschi, imbraghi come quelli dei pompieri. Tutto quello che i miei figli avrebbero sempre desiderato.

Le guide alpine scese dai quattromila con i loro clienti guardavano questi due ragazzini con un sorriso. Felici per i complimenti ricevuti, ora che eravamo ai piedi del ghiacciaio, volevano continuare per forza, andare avanti, correre sul nevaio, calpestare il ghiaccio vero. Perché ci dobbiamo fermare qui, se si può salire ancora? Il Signor Stambecco aveva gettato i primi semi, la setta degli adepti aveva i primi membri.

Una vecchia guida alpina, divertita da tanto entusiasmo, si fa convincere e li lega alla sua imbragatura e tutti insieme andiamo avanti per un altro pezzetto, fino al bordo di un crepaccio.

Lì l'uomo li fa affacciare sulla profonda lama verticale di un blu scuro, che irradiata dai raggi del sole manda riflessi color cobalto. Uno squarcio di ghiaccio che si apre improvviso e invisibile nella neve fradicia del mezzogiorno estivo. Lì l'uomo spiega che se si cade in un crepaccio ci si fa molto male, e si può anche morire. Ma molto lentamente, tra mille tormenti, con le ossa rotte, perché nessuno riesce a raggiungerti, laggiù in fondo. Lì ho visto i bambini irrigidirsi, ritrarsi e dire che forse sul ghiacciaio ci si poteva andare un'altra volta, ora avevano fame e al rifugio la polenta aspettava.

Nell'anno dell'Accadimento ho riguardato con una certa nostalgia quella foto e ho chiesto al Signor Stambecco di portarmi al Rifugio Mezzalama. Per chissà quale motivo non ci eravamo più andati, scegliendo altre mete. Siamo saliti in una bella giornata di sole, in piena estate.

Più saliamo, meno turisti incontriamo. Si diradano con l'aumentare della quota. Lassù arrivano ancora in pochi e di bambini non se ne vedono. Il rifugio è sempre uguale, con le sue persiane rosse, le pareti di legno scrostato e le bandierine tibetane. Dentro c'è sempre il solito viavai di alpinisti, gli stessi caschetti, piccozze, imbraghi, corde, zaini, tovaglie di plastica e odori misti di sudore e di zuppa e la polenta fumante.

Mi sembra uguale a come appare in una foto scattata l'11 ottobre 1937, che ritrae una sorridente Antonia Pozzi con il cappellaccio e i pantaloni alla zuava di una volta. E con quella foto mi torna in mente il suo amore per la montagna, i fiori, le acque, la neve. La voglio ricordare con una poesia dedicata a queste cime.

Nevai

Io fui nel giorno alto che vive
oltre gli abeti,
io camminai su campi e monti
di luce –
Traversai laghi morti – ed un segreto
canto mi sussurravano le onde
prigioniere –
passai su bianche rive, chiamando
a nome le genziane
sopite –
Io sognai nella neve di un'immensa
città di fiori
sepolta –
io fui sui monti
come un irto fiore –
e guardavo le rocce,

gli alti scogli
per i mari del vento –
e cantavo fra me di una remota
estate, che coi suoi amari
rododendri
m'avvampava nel sangue –

1° febbraio 1934

Dieci anni sembrano passati senza lasciare traccia, ma il ghiacciaio non c'è più. Non c'è più il nevaio dove lo calpestavano i bambini, si è spostato di qualche centinaio di metri. Ora camminiamo su uno sfasciume di ghiaia e selci, tra cui spuntano ciuffi di erba. Non c'è più il bianco, ma il grigio delle pietre. Ci sono anche chiazze di prato. Per trovare la neve perenne bisogna risalire e noi risaliamo perché la voglio toccare, voglio affondarci le mani, sentire che esiste ancora e che forse non è vero, che non si sta davvero sciogliendo, che non è possibile.

Solo ai margini del ghiacciaio senti lo scroscio dell'acqua che corre sotto la superficie, senti gli schianti del ghiaccio che si assesta e continua a dimenarsi, come una Balena Bianca ferita, forse ormai morente, animale agonizzante che non può sfuggire al proprio destino. Allora ti siedi e ascolti il respiro del ghiacciaio, perché solo chi ci è stato e ha ascoltato con attenzione lo ha sentito. È un respiro fatto di aria e di vento, di boati e di fischi, di seracchi che si staccano dalla parete e di rocce che rotolano.

Ogni tanto la storia di Super Pippo torna a galla e il figlio piccolo ha confessato che scoprire la verità è stata per lui una delusione pari a quella di Babbo Natale. Dalla gita delle noccioline i figli sono tornati al Mezzalama molte altre volte, con le pelli di foca d'inverno e a piedi d'estate. Chissà se anche loro porteranno i loro figli lassù a suon di noccioline, di nuovi Pescegatto e Balena, chissà se potranno sentire ancora il respiro del ghiacciaio.

AUTUNNO

Credimi, io ho scoperto, che troviamo più nei boschi che nei libri. Alberi e pietre ti riveleranno quello che nessun maestro ti può insegnare.

San Bernardo di Chiaravalle

Turisti

È finita la stagione, finalmente i turisti se ne sono andati. In una settimana le macchine sono sparite, il parcheggio nel paese grande si è svuotato, niente più file fuori dai negozi, la vita ha ripreso il ritmo pigro della piccola comunità.

Il sentiero che costeggia la Baita verso l'alpe è di nuovo silenzioso, dalla finestra non sento più le voci dei gioiosi villeggianti in comitiva che partono in passeggiata. L'aria di settembre sembra più pura e cristallina, il cielo ancora più azzurro, la neve sul ghiacciaio più bianca. Mentre stendo i panni al sole mi godo tanta bellezza come un dono raro. La montagna è di nuovo nostra, di noi che stiamo qui, i milanesi se ne sono andati.

Finalmente, penso. E ho quasi vergogna di questo pensiero. Perché mi inquieta ammettere la liceità di un sentimento che mi infastidisce da quando frequento queste montagne. C'è sempre una barriera tra il noi e il loro. «Loro» (i valligiani) pensano di essere padroni delle montagne. E adesso io gioisco perché «loro» (i turisti) mi hanno restituito la montagna. C'è sempre un «loro» che stona, in questi miei pensieri.

Ai valligiani i milanesi non piacciono. Uso il termine «milanesi» per indicare la categoria più detestata, quella dello stereotipo del bauscia con il Suv, ma la diffidenza verso l'estraneo vale anche per i genovesi, i torinesi, i piemontesi e chiunque non sia nato in valle, non parli il dialetto locale – il *patois* –, non abbia avi con radici contadine e pastorizie da generazioni. Turisti, insomma, termine che raccoglie tutti i «non proprio» valligiani.

Il fatto è che queste montagne sono così vicine alla città da renderle molto appetibili e fruibili anche solo per il fine settimana. Anzi, soprattutto per il fine settimana. Anche noi per anni ci siamo messi in coda il venerdì sera per uscire dalla metropoli, cambiando orari e percorsi, per evitare l'inevitabile ingorgo. Esperimenti sempre fallimentari: non esistono partenze intelligenti perché il milanese se può scappa dalla città a qualsiasi ora e non si fa scoraggiare dalle code. È disposto a tutto pur di svegliarsi nella natura, o in quello che pensa sia la natura. Il milanese in verità porta la sua idea di città ovunque vada, quindi anche in montagna, e vuole gli stessi servizi e le stesse comodità che ha in città. Ai puristi della montagna non piace, ma fa parte del gioco del turismo di massa e c'è poco da scandalizzarsi. Dal fine settimana dell'Immacolata fino ad aprile i milanesi diventano una presenza ingombrante, indispensabile alla sopravvivenza, eppure poco amata. Il turismo ha portato soldi e benessere e quindi i valligiani sono costretti a tollerarli, ma a parte pochi illuminati, per loro il turista è più o meno un pollo da spennare.

Famiglie contadine che hanno fatto la fame per generazioni, nel secondo dopoguerra si sono trovate sedute su una pentola d'oro. Case e terreni abbandonati, ruderi di pietra inutilizzati e senza valore sono diventati prede ambite di cittadini facoltosi che volevano la seconda casa in montagna. E allora che paghino, per venire sulle nostre montagne.

Ma adesso qualcosa è cambiato. Perché c'è una categoria nuova di frequentatori della valle. Quelli Che Lavorano Al Computer, come eravamo noi durante l'Accadimento.

Per i valligiani siamo ancora un'anomalia difficile da classificare, diversa da tutte le precedenti. Non ne avevano mai visti di turisti che passavano tanti mesi qui. Per loro il forestiero è sempre e comunque un turista e quindi ai loro occhi, anche se lavori tutto il giorno, sei un cittadino in vacanza. Persino dopo mesi, se incontri qualcuno che conosci a comprare il pane, ti chiede come va la vacanza. Se dici che stai lavorando, ti guardano strano. Ci considerano inadeguati, sempre e comunque degli intrusi, quelli che «vengono da fuori». Accade in tutte le comunità chiuse, ma in questa montagna è un'altra cosa. «Noi» e «loro» è un sentimento che viene da lontano, il senso di appartenenza a una lingua e a una cultura si è rafforzato in secoli di isolamento, quando la valle ha cessato di essere un luogo di transito e di commerci con la Svizzera attraverso il colle del Teodulo.

I turisti qui li hanno sempre chiamati *Pec*, che significa

piccone, ma anche avaro. I valligiani che popolano questa zona non godono di buona fama neppure nel resto dalla Valle d'Aosta, li reputano un po' troppo furbi, ipocriti, poco schietti e attaccati ai soldi. Come in tutti gli stereotipi, c'è molta cattiveria, ma anche una parte di verità.

L'Uomo delle Storie racconta una leggenda che aiuta a capire le acrimonie e i livori tra le varie valli e le popolazioni che le hanno colonizzate nei secoli. Nel resto della Valle d'Aosta si narra che Dio, dopo aver creato il mondo, decide di santificare il settimo giorno con una gita proprio qui, accompagnato da san Pietro. Allegri e spensierati come gitanti della domenica, i due salgono dalla pianura e quando arrivano qui, la bellezza di quanto lui stesso ha creato lascia Dio senza fiato. È affascinato dalla maestosità delle montagne, dai boschi e dai prati sconfinati e dalla purezza dei ghiacciai. Anche san Pietro si complimenta con il principale per lo stupefacente risultato. Ma poi l'accompagnatore insinua nella mente di Dio il dubbio che tutta questa meraviglia potrebbe essere percepita dagli abitanti del resto del mondo come un'ingiustizia, per non aver ricevuto altrettanta perfezione. Allora Dio decide di rimediare e, per compensare, popola la valle con i progenitori degli attuali valligiani.

Adesso che i turisti se ne sono andati aspetto che tornino i caprioli, come prima dell'estate quando in una radura sopra la Baita, proprio dove inizia il bosco, un piccolo branco viene ad abbeverarsi. Non so perché si avvicinino così tanto a noi, che siamo pur sempre esseri umani; forse hanno capito che non hanno niente da temere. La mattina, mentre faccio il caffè, li guardo dalla finestra della cucina. Sono sei o sette, e c'è sempre un maschio che vigila mentre gli altri brucano. Le prime volte li guardavo da dietro il vetro, temendo di spaventarli. Poi ho iniziato a uscire con la tazza di caffè e a sedermi sulla panca di legno, mentre il sole da dietro il Monte Rosa tinge il cielo di un chiarore rosato e l'aria è ancora umida e profuma di notte. Loro non scappano. Ci guardiamo a vicenda.

Ora che i milanesi se ne sono andati, aspetto con ansia i caprioli. Spero che domattina tornino per fare colazione insieme.

Campanacci

L'autunno è la stagione preferita della Regina delle Caprette. Senza milanesi, senza il mercato, senza la vendita dei formaggi, senza i prati da sfalciare, le balle di fieno da preparare per l'inverno, i mille lavori estivi della fattoria, può finalmente fare la cosa che le piace di più: sale al pascolo con le capre e torna bambina.

D'estate in alpeggio ci manda una ragazza, una stagionale. Ogni anno ne arriva una nuova. Queste ragazze dicono di venire a cercare natura, pace, vita all'aria aperta. La verità, quando poi senti le loro storie, è che spesso sono in fuga da qualcosa. Alle spalle una crisi, una vita spezzata, famiglie difficili, un dolore, un amore finito male. Ognuna ha il proprio Accadimento personale. Alcune vengono per una stagione e poi non si fanno più vedere. Altre tornano, rimangono in contatto, sono state un'estate in al-

peggio per imparare il mestiere, perché vorranno poi avere un loro gregge, una loro fattoria, fare i propri formaggi.
Continuano a chiamare la pastora per consigli, vengono a
trovarla con il cane nuovo o con il nuovo fidanzato, in una
inconscia ricerca di approvazione.

La ragazza di questa stagione se n'è andata alla fine di
agosto e, ora che tutto rallenta, la Regina delle Caprette
si riappropria del suo tempo, un tempo antico e dilatato,
dove ci si siede sull'erba e si guardano gli animali, senza
molto altro da fare se non aspettare l'arrivo dell'inverno,
mentre i prati si tingono di ocra e gli aghi dei larici diventano gialli, i boschi virano al rosso. Solo gli abeti rimangono
verdi, potenti e inossidabili, pronti a sfidare il gelo e il peso
della neve con tutte le loro fronde intatte.

Raggiungo la Regina delle Caprette al pascolo. È seduta
sul suo solito masso. Assomiglia al mio.

Ci facciamo il solito tè nelle tazze di metallo, chiacchie-
riamo. Oggi mi racconta di quando andava in alpeggio da
bambina e a nove anni la lasciavano a guardare le mucche
di famiglia. È un mestiere che si è tramandato per via ma-
triarcale: lo faceva la nonna, poi sua madre, ora lei lo sta
insegnando alla figlia, ancora indecisa se fare la maestra
di sci o l'allevatrice. Finirà per fare entrambe le cose, ma
le caprette vinceranno, io lo so, perché lo vedi da come
le guarda che anche lei è stata contagiata dalla passione.

Si preparano all'inverno, dice la pastora indicando le
caprette. Mangiano bacche e aghi di pino e arbusti perché
sono svermimanti naturali, sanno che tra un po' questa
pacchia finirà e dovranno passare lunghi mesi nella stalla,

senza erba fresca, senza queste delizie e solo con il fieno secco e il mangime.

Non ti sei accorta che quest'anno i campanacci sono molti più dell'anno scorso?

Non saprei. Non ho un orecchio così fino riguardo ai campanacci.

E allora la pastora racconta che è una promessa fatta a un vecchio signore. Ricoverato in ospedale, le ha chiesto di prendersi cura delle sue capre, che tiene in una stalla appena fuori dal paese. Guarito, per ringraziarla le ha regalato una scatola di campanacci di famiglia, un dono simbolico e sentimentale: So che tu ci tieni, che ne capisci il significato. Però li voglio sentire, questi campanacci, le ha detto. E allora la pastora li ha messi tutti, per allegria e per riconoscenza.

Questa dei campanacci, capisco, è una faccenda seria. Quelli grossi, antichi, da bovino, sono oggetti da collezione e possono valere anche qualche migliaio di euro. Ma il punto non è affatto economico. I campanacci sono come talismani, hanno un valore intrinseco e scandiscono il tempo degli allevatori.

A primavera si agghindano le mucche con nastri e fiori e il rumore dei campanacci avvisa che inizia la stagione degli alpeggi. Si sale in montagna, a piedi, e le strade si riempiono di bestie e di allevatori che le guidano tenendo la mandria compatta con grida e lunghi bastoni. È una festa famigliare, e gli amici sono invitati ad aiutare. Dalla bassa valle agli alpeggi sono percorsi lunghi, parecchie ore di cammino. In questa valle la chiamano «inarpa».

In autunno le mandrie fanno il percorso inverso, in una «desarpa» che è di nuovo tradizione e festa popolare, e le mucche fatte lucide dall'aria buona e grasse dall'erba fresca degli alpeggi tornano nelle stalle a valle, dove passeranno l'inverno Se nella famiglia c'è stato un lutto, niente campanacci. E anche le mucche, dice la pastora, se ne accorgono e scendono lente e svogliate, camminano più piano, vanno spronate di continuo.

Poi, anche alla fattoria delle caprette viene il momento del Silenzio. Il Silenzio inizia con il giorno dei Morti, quando si tolgono i campanacci e si ripongono per l'inverno. Si puliscono e si ungono, per evitare la ruggine, si ingrassa il cuoio del collare e si appendono in attesa della nuova stagione. Allora le caprette lo sanno che non usciranno più. Sanno che dovranno aspettare la primavera, quando ognuna avrà di nuovo il suo campanaccio. E non ti devi sbagliare. Se capita di invertirli, di mettere a una quello di un'altra, saranno loro stesse ad avvisarti, con piccole testate, per riavere il proprio.

Quando parla di campanacci la Regina delle Caprette si commuove. Dice che a casa conserva campanacci di mucche che erano della nonna, e quando li suona è come una madeleine che la riporta ai pascoli dell'infanzia. Ogni tintinnio è una mucca, e ancora riesce a distinguerle e a ricordarle una a una, per nome.

Anche per me è un bel rumore, quello dei campanacci. Li sento dalla Baita, d'estate, anche quando le finestre sono chiuse. Ho imparato a distinguere quelli delle mucche da quelli delle pecore e delle capre. Ma non avrei mai creduto che ci fossero così tante storie, dietro a un pezzo di metallo con un batacchio.

L'irregolare

Ogni anno nasce un capretto intraprendente. È il più furbo, il più vivace, è l'irregolare. Gli altri sono docili e seguono il gregge, lui appena riesce a tenersi in piedi sulle zampe inizia a cercare una via di fuga dal recinto dei neonati, vuole esplorare, smania, è già una vita avanti ai fratelli. Lui è Galileo, Cristoforo Colombo, Ulisse, lui deve andare oltre le Colonne d'Ercole della stalla, non può fermarsi per una stupida sbarra.

Questo cucciolo intraprendente diventa il preferito della Regina delle Caprette. È più intelligente degli altri e sa di potersi permettere cose negate ai fratelli. È spavaldo. È un privilegiato e conscio di esserlo. Per prima cosa ottiene un nome proprio. E quando cresce si conquista sempre più libertà. Impara ad alzarsi sulle zampe posteriori e ad aprire la gabbia con il muso; mentre gli altri stanno in stalla, lui è libero di scorrazzare in giro per la fattoria. È un ricettore di carezze, si avvicina senza timore agli umani, dà piccole musate, si struscia come un gatto, sa farsi amare.

Dopo qualche giornata al pascolo con la Regina, riesco anche io cogliere alcune differenze tra queste capre che solo pochi mesi fa mi sembravano tutte uguali. C'è la Nerina, piccola e curiosa, nerina per via del suo mantello più scuro. Ce n'è un'altra coccolona, che sta sempre appiccicata alle gonne della pastora. Si chiama Cerva, perché ha il muso lungo come un cervo. C'è quella che arriva sempre prima e quella sempre ultima, che non

125

vuole rientrare in stalla. Ci sono caprette leader naturali, quelle che guidano il branco e a cui si mette il campanaccio perché le altre le seguano. E quelle a cui invece il campanaccio va tolto, perché sono troppo indipendenti e dispettose, non obbediscono e porterebbero le compagne nei pericoli.

La pastora dice che cerca di non affezionarsi troppo al capretto intraprendente, perché lo sa che finirà male. Succede sempre così, è come se nel suo DNA di prescelto, nella sua natura di irregolare, fosse già scritto il proprio destino infausto. Al capretto intraprendente capita sempre qualcosa di brutto. Finisce in un burrone, morso da una vipera, si ammala.

Forse è il destino degli irregolari, di chi non si conforma, di chi vuole uscire dal gregge. Stare nel gruppo ha i suoi vantaggi, il gruppo ti protegge, ti preserva, ti dà sicurezza e spesso anche salvezza. Correre dei rischi è il prezzo della libertà.

La pastora me lo dice all'improvviso: Sai perché abbiamo scelto di allevare capre? Perché volevamo uscire dalle righe, in una valle dove tutti hanno mucche e pecore. Lo vedi come sono, no? La capra è un animale curioso e allo stesso tempo dispettoso. Non è facile da gestire. Sceglie lei cosa mangiare, seleziona i germogli, è anche testarda. Fondamentalmente è un animale libero.

Guardo il capretto intraprendente arrampicarsi impavido su un masso a strapiombo su un dirupo e il pensiero vola alla valle dei Mocheni e al sorriso di Agitu Ideo Gudeta, la donna che aveva voluto sfidare tutte le regole.

Ecco un altro nesso tra queste due regine: anche per

allevare capre bisogna essere intraprendenti, la capra è un animale da irregolari.

Al telefono con amici cittadini, capita che mi chiedano: Ma sei sempre su in mezzo alle pecore? Mi sento quasi offesa. Come fanno a confondere le capre con le pecore?

Di fronte a tanto pressappochismo mi lancio in accorate difese d'ufficio delle capre. Le capre non sono pecore, dico. Le pecore seguono il gregge, dove va una vanno tutte. Si muovono come un'onda, girano tutte insieme, si tengono strette. Le caprette no. Sono animali originali, ognuna con il proprio carattere, la propria natura.

Dall'altro capo del telefono sento silenzio. Mi sembra di sentire il pensiero preoccupato dell'interlocutore: stare tutto questo tempo in alta quota in mezzo alle pecore (o capre che siano) le ha dato alla testa. Percepisco in quel silenzio imbarazzato un unico desiderio: cambiare argomento. Vorrei assecondarlo questo desiderio, davvero. Ma c'è qualcosa che mi spinge ad avere l'ultima parola, prima di parlare d'altro: E poi le capre sono animali liberi, dico. Uso le stesse parole della Regina delle Caprette. Mi pare importante che l'interlocutore lo sappia. Perché libero è la parola chiave.

Pozioni magiche

Ti racconto della pozione magica, dice la Regina delle Caprette.

Lei conosce le erbe del bosco e ne ha imparato i segreti da sua madre e chissà da quante generazioni si tramandano questi saperi antichi. Anche la Donna dei Fiori sa di erbe e di piante e raccoglie bacche e secca fiori, e a fine estate mi ha detto di raccogliere la rosa canina, e di farla seccare per farci gli infusi contro il mal di gola. Ho fatto seccare anche il timo selvatico, come mi aveva spiegato il signore con il cappello. Sono pronta per affrontare un nuovo inverno di gelo e raffreddori. E giù al paese grande c'è un altro vecchio signore che fa pozioni, creme e unguenti naturali; le ha imparate dalla madre, morta che aveva più di cento anni. Questa delle erbe e delle pozioni mi pare una questione interessante.

Attraverso queste persone si tramanda l'anima di un luogo, nelle mani di questa gente passano la storia e la vita di una comunità, memoria e saggezze antiche che così non andranno perse. Nella storia di erbe e pozioni credo stia il vero succo della natura che tanti vanno a cercare sulle cime, ma che calpestano senza guardare dove mettono i piedi. Perché non lo sanno che stanno camminando su un prato pieno di tarassaco, che ha mille proprietà e che si usa tutto, dalla radice allo stelo, al fiore. In primavera si mangia crudo, in insalata, ed è ricchissimo di ferro. Dai fiori le api fanno un miele squisito, che è anche un toccasana per il mal di gola. E la radice la usavano i nonni per allungare il caffè, appena una generazione fa, quando ancora erano poveri e il caffè era troppo caro, così ne sprecavano poco e lo scurivano con la radice di tarassaco per farlo sembrare più forte.

E la calendula, che i turisti mettono sui muretti come pianta ornamentale, qui tutti ce l'hanno nell'orto perché scaccia i parassiti senza bisogno di pesticidi. La Regina delle Caprette la usa nei formaggi e ne fa un unguento per scottature del sole e bruciature. È un procedimento lento, che dura giorni, dove si fonde lo strutto a bagnomaria sulla cucina economica, poi si filtra, e la crema di un colore giallo intenso bellissimo si mette in barattolini. E poi l'arnica, un altro fiore giallo di montagna, potente antinfiammatorio. E poi il ginepro. E il genepy. E il finocchietto selvatico, che si dà da bere alle puerpere perché fa latte.

Mia mamma ne conosce molte più di me, dice la Regina delle Caprette. Quando mi portava al pascolo mi diceva questa serve per questo, questa per quest'altro, ma da giovane non la stavo neanche a sentire, ti pare che mi interessavano le erbe? Ora mi scrivo tutto su un quadernetto, e se trovo una pianta che non conosco faccio una foto e poi chiedo a lei. Sono sicura che la conosce e sa a cosa serve. «*Totte y erbe l'an vertu, men que o fehtu*» cita in *patois*. Tutte le erbe servono a qualcosa, tranne la festuca.

E il ginepro, chiedo? È una delle bacche che riconosco, ne ho alcuni cespugli proprio vicino alla Baita, salendo verso il bosco, credo di poter sfoggiare qualche competenza in materia. Mi sbaglio di grosso. Non so niente neppure del ginepro. La pastora mi spiega.

Per preparare un altro rimedio miracoloso bisogna raccoglierne una bella quantità, e si parla di chili, non della manciata di bacche che mi metto in tasca se ne incontro anche quando cammino e uso per cucinare o per sgranocchiare dopo cena, ché aiuta a digerire.

Con questi chili di ginepro, perfettamente pulito, tolte le bacche verdi e le foglie, si fa un decotto che si scioglie piano sulla stufa, per ore e ore, a fuoco lentissimo. Il procedimento dura una settimana e si inizia il decimo giorno di luna calante. Non ridete della storia delle lune, se spostano le maree, un motivo ci sarà. Le lune sono importanti.

La crema che risulta da questo lunga lavorazione – dice la pastora – è un medicinale allo stato puro, che aiuta la circolazione sanguigna, fa digerire, depura l'organismo. Chi lo sa fare, lo conserva come una cosa sacra e ne prende un cucchino sciolto in acqua tiepida a digiuno una volta alla settimana.

E poi c'è la storia di questa pozione magica, che ancora non mi ha detto.

Allora? le chiedo. È così segreta che non si può sapere?

Per fare la pozione magica servono cera d'api vergine, miele e resina, che sono antibiotici naturali. Ne esce fuori una crema miracolosa. Una si fa con la resina di pino, per curare infezioni e cicatrizzare le ferite. L'altra con la resina di abete: se hai una spina nella carne, la lasci su una notte e la mattina la spina esce da sola.

Gli ingredienti te li ho detti, ma il segreto sta nel modo in cui raccogli la resina, nella lavorazione e nelle proporzioni, ovviamente segrete. Queste le ho dette solo a mia figlia, solo lei sa fare la pozione magica.

A me queste storie di erbe e pozioni incantano più dei

racconti della conquista delle cime. E il fatto che comunque la Regina delle Caprette stia raccogliendo i procedimenti nel suo quadernino e li insegni alla figlia, mi rassicura. Mi piace pensare che ci sia qualcosa che resta, come il grande abete che incontro salendo all'alpe, che è qui da secoli. È un albero imponente e ha le radici ben piantate in questa terra. Ha resistito alla furia del vento e alle valanghe. Altri alberi, larici più deboli e malati, sono stati spazzati via nell'anno della grande nevicata, quando le slavine hanno sradicato tronchi enormi e li hanno trascinati a valle per centinaia di metri. Il grande abete no, lui è parte della storia di questo luogo. C'era prima di noi, ci sarà dopo di noi. Come queste erbe. È bello credere che ci sia un ordine misterioso in tutto questo.

Legna

Sta tornando il freddo. Il maledetto arriva quando meno te lo aspetti, una mattina ti svegli e l'erba è coperta da un velo di brina. Le ultime mucche sono state portate a valle con i camion, solo le caprette escono ancora al pascolo nelle ore centrali della giornata, quando il sole scalda, per brucare le ultime bacche e fare scorpacciate di aghi di pino.

La natura si prepara all'inverno. Gli animali lo sanno, il bosco lo sa, i larici hanno già perso gli aghi, la rosa canina è sfiorita e le bacche sono grasse e rosse, pronte per i famosi infusi contro il mal di gola. Le ho raccolte, le ho messe a seccare, come da istruzioni. La Regina delle Caprette ha tirato su le patate. Abbiamo già preparato la legna, saranno una decina di quintali e dovrebbero bastare. Adesso sappiamo quale legna scegliere. Ci vuole il larice, che brucia bene e lascia nell'aria un buon odore. Oppure il castagno, la betulla, il ciliegio, il pino cembro. E che siano stati tagliati con la luna crescente. Se non ci credete, provate a bruciare legna tagliata con la luna sbagliata e poi ne riparliamo. Il pino silvestre e l'abete non vanno bene, sono pieni di resina che incrosta le canne fumarie. Prima nella stufa ci buttavo anche le pigne, adesso me ne guardo bene, per lo stesso motivo, troppa resina.

La legna l'ho fatta sistemare ai figli, prima di vederli ripartire di nuovo e definitivamente per la città. I ragazzi hanno imparato a usare la motosega e l'accetta pesante, con il manico lungo. Dopo un inverno con una piccola ridicola accetta da turisti, abbiamo preso un'ascia da veri boscaioli. Una volta l'ho anche dimenticata in macchina e sono andata fino in città con questa ascia da killer nel bagagliaio, quando me ne sono resa conto era troppo tardi e ridevo tra me pensando alla faccia degli agenti se fossi incappata in un posto di blocco.

Prima di imparare a usare l'ascia pesante, i ragazzi sono riusciti perfino a romperne il manico. Alla ferramenta non ci potevano credere, roba davvero da turisti. Ora la maneggiano meno goffamente, con un colpo secco spaccano il tronco lungo la venatura e impilano i ciocchi in una bella catasta dritta, che non frana più come ai tempi in cui eravamo cittadini in vacanza.

Adesso quando vado nel bosco a raccogliere i rametti più piccoli per avviare il fuoco, scelgo quelli con barbe simili al muschio, una sorta di spugna verdolina che prende a meraviglia.

Anche il Signor Stambecco è tornato in città. Tra un po' partirò pure io, l'estate è passata, e anche l'autunno sta finendo. Non ho altri motivi per fermarmi qui, continuo a inventarmi cose da fare, ultime questioni da sistemare, ma lo so che sono scuse.

Sei sempre in mezzo alle caprette? chiedono gli amici. Hanno imparato che non sono pecore, ma capre, e questo già mi fa piacere. Quando torni?

Già, quando torno? Il fatto è che non ho molta voglia di tornare in città. Ma non posso rimanere qui in eterno.

Mi sento un ibrido, dopo tutto questo tempo quassù. Sempre più spesso mi ronza in testa la pazza idea, mi chiedo se davvero potrei vivere qui per sempre. Sì, lo ammetto, sono caduta in tentazione e ho spulciato spesso Thoreau, in questo periodo. Lo rileggo per tentare di capire, per trovare un indizio. Forse sono finita nella trappola, sono diventata come quei cittadini che vanno in montagna in cerca del «midollo della vita». Ma io volevo andare al mare, non qui. Rileggo Thoreau: «È in questi luoghi che i miei nervi finalmente si placano e i miei sensi e la mia mente funzionano a dovere. Questa tranquillità, questa solitudine, questo lato selvaggio della natura è per il mio intelletto una sorta di appagamento o di completamento. È questo ciò che cerco».

E io? È davvero questo ciò che cerco?

Una cosa è certa: molte persone hanno capito che non vogliono più stare chiuse tra quattro mura, molti vogliono riappropriarsi di un rapporto con la natura, hanno pianificato un cambio di vita e qualcuno evidentemente l'ha cambiata davvero. Alla scuola elementare del paese ci sono state nuove iscrizioni, una decina di bambini che arrivano da Milano, dicono le voci della valle. Altri salmoni che salgono controcorrente. Altri ibridi muniti di computer che vengono dalla città a popolare – o forse ripopolare – questa montagna, che dovranno imparare a maneggiare asce da boscaiolo e a distinguere il tarassaco tra le erbe dei prati e a spalare la neve.

Ibridi ancora senza nome. Non sono turisti, non saranno mai valligiani, saranno altri Che Lavorano Al Computer e dovranno misurarsi con lo scetticismo dei locali, che continueranno a chiedere come va la vacanza.

Bea Capre

Lo sai che è venuta la Bea?

Chi è la Bea?

La Bea, quella ragazza del Trentino che ha passato l'estate qui un paio di anni fa. Te la ricordi?

No. Non mi pare di ricordare la Bea.

La Regina delle Caprette ha tolto i campanacci e adesso tutto tace. Gli animali non escono più, sono in stalla, hanno la pancia gonfia e tra un po' inizierà l'attività frenetica dei parti e delle notti in bianco. Ogni cosa si è fatta più calma e rilassata, le caprette in questo periodo non producono latte, niente mungitura, niente formaggi, la stagione induce al riposo. È caduta la prima neve, i prati sono imbiancati, le giornate si accorciano. È arrivato anche il freddo, ma non è ancora vero inverno.

Non so perché dovrei ricordarmela, questa Bea. Per la verità, non ho molte occasioni di parlare con le stagionali che vengono ad aiutare durante l'estate. Cambiano ogni anno e quando mi capita di passare dalla fattoria loro sono in alpeggio al pascolo o nel caseificio a lavorare ai formaggi. E poi, due estati fa io non avevo nessun interesse per le caprette. Non ero come i miei amici di città, che le confondono con le pecore – perché un paio di corna le sapevo riconoscere anche allora –, ma poco ci mancava.

Ma dài, se l'hai vista te la ricordi per forza, la Bea è un tipo originale... Ha chiamato, è libera la mia camera? È stata qui una settimana. È fatta così, appare dal nulla e poi scompare. Dài, è la ragazza che aveva preso le capre della pastora etiope uccisa in Trentino.

Ho un tuffo al cuore. Con la pastora non abbiamo mai parlato di Agitu Ideo Gudeta. Avevamo commentato il fatto nei giorni dell'omicidio, ma non c'era mai stata occasione di tornare sull'argomento. D'altra parte, cos'altro c'era da aggiungere? Ora sta accadendo qualcosa di impensabile. Il legame tra le due Regine delle Caprette, che era solo nella mia testa, diventa reale, fisico. E il legame è una ragazza che io dovrei ricordarmi ma che non ricordo affatto. Il legame è questa Bea venuta qui per imparare dalla Regina delle Caprette e a cui poi sono state affidate le capre orfane di Agitu, l'altra regina di questo racconto.

Sugli strani percorsi del caso e delle circostanze della

vita, sul destino e sulle coincidenze si potrebbero intessere molte fantasie, ma mi limito qui a registrare in modo asciutto solo il mio stupore. Non sembra possibile. Eppure è vero, e il cerchio ideale incredibilmente si chiude.

Bea era tornata in Trentino e lavorava lì, proprio nella valle dei Mocheni, la valle delle capre felici. Quando Agitu è stata ammazzata, il sindaco del paesino di Frassilongo le aveva chiesto di prendersene cura. Poi è successo qualcosa e le capre sono state divise tra vari allevatori. Fine del sogno di Agitu. Ma cosa è successo davvero? La Regina delle Caprette non lo sa.

Devo assolutamente parlare con questa Bea.

La Regina delle Caprette mi promette che le chiederà se è disponibile. Passa qualche giorno e mi gira il numero. Il contatto è registrato con un semplice «Bea Capre». Lo salvo anche io così.

Dice che va bene se la chiami, ma ti avverto: non risponde mai. Casomai ti richiama dopo una settimana. È un tipo originale, comunque tu prova.

Certo che ci provo. Oltre che ipocondriaca, catastrofista, cinica e le altre cose che sappiamo, sono anche presuntuosa abbastanza da pensare che basterà il mio tocco magico per parlarle all'istante.

Scrivo un messaggio. Non risponde.

Lascio passare un giorno. Non starà tutto il tempo con il telefonino in mano. Non è mica come i ragazzi di città, lo sappiamo che è originale. E comunque anche gli altri giovani della sua età non rispondono. Quindi il mio amor proprio è salvo.

Il giorno dopo provo a chiamarla. Non risponde.
Riprovo il giorno dopo. Non risponde.
Passa un altro giorno. Riprovo acora, niente.
Intanto la cerco sui social. È una ragazza di diciannove anni, anche se è così originale immagino che avrà un account su Facebook o Instagram. Infatti ce l'ha.

Il naso brustolato.
Le occhiaie.
I calli.
Le punture di vespe.
L'odore di sudore di latte di letame.
Le unghie nere e i polpastrelli blu.
Il seno più piccolo.
I polpacci più grandi.
La carne crevada.
Poi scende il sole, sale il piumone fino sotto il naso che il respiro rimbalza, il rumore dei campanelli fisso nelle orecchie, sono felice sono stanca felicemente. Non c'è niente di più bello e nient'altro che farei e nessun altro posto in cui starei. Le montagne hanno un colore diverso ogni giorno.
Io li ho catturati tutti. Sono nel mio cuore, ci staranno tutto l'inverno, pronti a contare il tempo fino a quando poi è ora un'altra volta di ritornare lassù.

Eccola, Bea Capre. Una faccia simpatica, due occhi vivi e il naso scottato dal sole. Posta immagini di montagne, di animali, di boschi, di caprette, di pecore. C'è anche lei, in queste foto, ma non sono selfie, non quelli che fanno solitamente le ragazze della sua età. L'algoritmo di Facebook non saprebbe che farsene dei dati raccolti dal profilo di Bea Capre, non è proprio l'utente consumatore ideale.

A me però bastano per capire che mi piace. Anche lei parla di capre e di felicità. Anche lei è un'irregolare. Come il capretto. Come Agitu. Come la Regina delle Caprette. La prendo come una conferma alla mia teoria che le capre attraggono persone «originali». Probabilmente è solo una mia suggestione, ma mi piace questa teoria e mi piace Bea Capre. Anche se non mi risponde al telefono. Anche se non vorrà parlare con me.

Da Facebook, questo diabolico portale che permette di spiare la vita degli altri come dal buco della serratura, vedo che è abbastanza nota nelle sue valli trentine. In un mondo omologato, chi esce dai binari fa notizia. Bea Capre era iscritta al liceo artistico, ha lasciato gli studi a metà ma l'arte e la poesia sono presenze costanti nei suoi post. Ha scelto la libertà in alpeggio, ha scelto di fare la pastora. È anche la protagonista di un breve filmato che ha partecipato a una rassegna di documentari dedicata alla vita in montagna.

«Mi chiamo Beatrice, ho 19 anni e lavoro in malga. Gestisco duecentocinquanta capre e pecore. Mi sveglio alle 5 del mattino e dopo colazione porto le capre al pascolo dove sto all'incirca quattro ore. Poi ci sono circa quaranta capre da mungere a mano. Poi lavoro il latte. Si fanno caciotte oppure yogurt. La sera verso le 5 si riportano al pascolo dove stanno altre quattro ore.

«Sono sempre stata una persona abbastanza solitaria. Mi piacciono le persone, mi piace stare in mezzo alle persone, però qui trovi una pace con te stesso perché sei costretto ad averla.

«La montagna è in grado di pulirti dentro. Se tu hai dei pensieri negativi escono tutti. Qui non hai molte distrazioni. I tuoi pensieri non vengono più influenzati da quello che sono le altre persone. [...]

«Nei rapporti umani, che sia di conoscenza o di amicizia o di amore, qualcuno riceverà di meno e dunque qualcuno riceverà di più. Invece con gli animali tu ricevi e dai allo stesso livello e riesci a sentire le cose in maniera diversa. [...]

«Deve esserci un buon rapporto anche con la montagna. Io sono un'amante della montagna, devi portarle rispetto e lei ne porta a te. Nasce un rapporto anche con la montagna, col bosco e con l'ambiente in cui vivi, perché a volte sembra tanto nemico, quando fa brutto tempo e diventa buio. Però poi impari a conoscerla, impari a creare una confidenza con lei e diventa quasi viva».

Il video è bello, intenso, emozionante. Lei ha un bel viso. Sorride sempre, è in mezzo alle capre e alle pecore, con l'agnellino sulle spalle, cammina nei boschi circondata dal gregge. Ha le mani nel caglio, lavora i formaggi. Sorride, proprio come le due Regine delle Caprette.

Il corto si intitola *Viva* e mi pare un titolo appropriato. Si apre con una frase di Nancy Newhall: «La natura selvaggia contiene delle risposte a domande che l'uomo non ha mai imparato a porre». Io ignoravo l'esistenza di Nancy Newhall. Scopro che è una scrittrice, critica di fotografia e ambientalista americana, «nota per aver contribuito in modo importante allo sviluppo del libro fotografico come forma d'arte».

Ancora la natura selvaggia di Thoreau. Torna a perseguitarmi, continua a corteggiarmi e a girarmi intorno. Più cerco di allontanarla, più arriva. Ma la frase della Newhall mi intriga più dell'assolutismo naturalista, qui dice che l'uomo deve imparare a porre e a porsi delle domande, e su questo sono perfettamente d'accordo. Bea Capre l'ha scelta come biglietto da visita per presentare il video, mi pare interessante. Anche a me piacerebbe porre domande a Bea Capre, se rispondesse.

Nel racconto disorganico e frammentario che scorre come un nastro sul suo profilo Facebook, Bea Capre rivela l'oscillazione dei suoi umori e sentimenti. Si va dall'estasi della montagna («Le nuvole, le rondini, il bosco, i suoi spazi, la sua luce, il suo odore, grazie») al poetico («Sono capaci i nostri sensi di leggere nel vento e nelle nubi? Quelli del pastore lo sanno fare»). Ci sono sfoghi polemici («Considero inaccettabili le condizioni degli allevamenti animali intensivi nel mondo») e talvolta esplode la rabbia.

In estate, sotto la foto di una capretta sgozzata riversa sul prato, il pelo pezzato bianco e marrone con le macchie di sangue ancora fresche, scrive uno sfogo contro l'attacco del lupo e l'impotenza degli allevatori.

Qualche tempo dopo ancora uno sfogo: «Senza alcuna speranza che voi ci crediate, anche una donna può gestire una stalla, anche una donna può farlo per tutta la vita, anche una donna può. La femminilità non è nell'abito di una donna, ma è nel come muove la mano quando ti saluta, anche quando questa è sporca e ferita. All'uomo che mi ha offesa e derisa oggi, dico grazie, perché la mia passione non è il mio punto debole, ma il mio punto di forza».

Perché quest'uomo l'ha offesa? Perché le hanno tolto le capre di Agitu?

La questione delle capre della pastora etiope l'ha spiegata in un altro post. È del 19 gennaio 2021. Agitu è stata uccisa il 29 dicembre, quindi le ha tenute neanche un mese.

«Oggi le capre di Aghi sono state portate via. Numerosi allevatori hanno preso gli animali in affidamento. Ci si affeziona in così poco tempo… è stato triste vederle su un camion e vederle separare. Auguro agli animali il meglio, ai capretti la giusta e curata attenzione, auguro che trovino qualcuno che si affezioni e che provi entusiasmo quando le vede con la pancia tonda, sazie! Mi è stato chiesto di accudire gli animali fin quando si sarebbe presa una decisione… E infine mi hanno chiesto di prenderle in affidamento ma non possono permettermelo, a mie spese non avrei potuto. Spero di rivederle sulle montagne e sui pascoli della valle dei Mocheni, dove sono nate, dove anche loro hanno lasciato un pezzo di cuore».

Sono trascorse quasi due settimane da quando ho iniziato a cercarla. D'altronde il tempo in montagna è dilatato, la percezione dell'impellente e del necessario è diversa.

Finalmente riesco a parlarle.

Principessa

Bea Capre è più che originale. E capisco adesso come per lei il tempo scorra davvero in un'altra dimensione, talmente lontana che la mia domanda deve ribaltarsi: non mi chiedo più perché non rispondesse, ma perché adesso abbia risposto al telefono. Dopo la visita alla Regina delle Caprette è tornata nelle sue zone, nel Nordest, e ha iniziato a lavorare con un gregge di mille pecore. Sono in tre: il padrone degli animali, un ragazzo del Senegal e lei. Ognuno con il proprio cane, perché senza cani e con un gregge di mille pecore non si va da nessuna parte. Questo inverno lo passerà facendo la transumanza, nome che evoca una pratica antichissima, quella preistorica del pastore che si sposta ogni giorno per cercare nuovi pascoli. È la pastorizia che si studia sui libri di scuola, prima che le popolazioni diventassero stanziali. La transumanza è talmente arcaica da essere entrata nelle pratiche da proteggere come patrimonio culturale immateriale dell'Unesco, è uno dei metodi di allevamento più sostenibili ed efficienti, i pastori transumanti vivono nell'equilibrio perfetto tra uomo e natura.

È la transumanza dei *Pastori* di D'Annunzio:

Settembre, andiamo. È tempo di migrare.
Ora in terra d'Abruzzi i miei pastori
lascian gli stazzi e vanno verso il mare:
scendono all'Adriatico selvaggio
che verde è come i pascoli dei monti.

Han bevuto profondamente ai fonti
alpestri, che sapor d'acqua natia
rimanga ne' cuori esuli a conforto,
che lungo illuda la lor sete in via.
Rinnovato hanno verga d'avellano.

E vanno pel tratturo antico al piano,
quasi per un erbal fiume silente,
su le vestigia degli antichi padri.
O voce di colui che primamente
conosce il tremolar della marina!

Ora lungh'esso il litoral cammina
la greggia. Senza mutamento è l'aria.
Il sole imbionda sì la viva lana
che quasi dalla sabbia non divaria.
Isciacquìo, calpestìo, dolci romori.

Ah perché non son io co' miei pastori?

Bea Capre passerà l'inverno come pastora transumante.
Ha scelto di fare questa esperienza nel periodo più difficile e duro dell'anno, l'inverno. È di fatto una nomade, una
migrante. Dorme in tenda, si riscalda con pelli di pecora,
un sacco a pelo e qualche coperta. Dopo quattro giorni di
pioggia si lamenta di avere i capelli lunghi sempre umidi,
perché non c'è una stufa e non si ha tempo neppure di
accendere un fuoco: è una ragazza e gli inconvenienti
di una vita simile sono evidenti per una donna. Non vorrei ricadere nella zuccherosa retorica che ha celebrato la

pastora etiope, ma forse inconsapevolmente Bea Capre ha cercato proprio la sacralità nel rituale antico della transumanza, lei che dice di aver lasciato la scuola perché stava male, perché la vita le sembrava priva di senso, e che si sente a proprio agio solo nella fusione con la natura e con gli animali. A casa ha dieci capre e cinque pecore e vuole andare a prenderle e unirle a questo enorme gregge, perché ne sente nostalgia. Le chiama tutte Nena, il modo tenero di dire «piccolina» in Trentino. Il modo che suo padre usava con lei quando era bambina.

Bea Capre ha scelto una vita così dura per mettersi alla prova, per dimostrare a chi le ha tolto le capre di Agitu e a chi l'ha insultata che una donna può davvero fare tutto. Ma guardati, fai schifo, le ha detto quest'uomo, uno sconosciuto. Non si può vedere una donna così sporca, le ha detto, guarda che mani hai. Non è un lavoro da donna. Minacciata e derisa, come la pastora etiope. Come gli irregolari che danno fastidio, perché mettono gli altri a disagio.

Le caprette di Agitu sono un capitolo chiuso, spiega. Le avevano chiesto di tenerle subito dopo l'omicidio, e non si è tirata indietro. Poi le hanno chiesto di accollarsi anche i debiti di Agitu per il bed&breakfast, il caseificio e la stalla. Non se l'è sentita, era troppo per lei. Ha proposto di rimanere come stipendiata, i soldi c'erano, la raccolta fondi aperta in memoria della pastora etiope per curare le sue capre era andata benissimo, cifre a cinque zeri. Le hanno detto no. I soldi non sa che fine abbiano fatto, nemmeno le caprette felici sa dove siano.

Mi dispiace per gli animali, dice. Ma non ci andrei più, per come si sono comportati nei miei confronti. Ci sono rimasta troppo male.

Sono al calduccio davanti a una tazza di tè e lei parla entusiasta, mi vengono i brividi a pensarla nomade nel lungo inverno, io che odio così tanto il freddo. Me la immagino, bagnata e imbacuccata, mentre carica gli agnellini appena nati sul carrello e poi li scarica per renderli alle madri che li allattano. La vedo mentre mette le recinzioni per il pascolo, con le mani intirizzite e la pioggia che batte a vento e le bagna quei capelli lunghi da ragazza. Ogni giorno, due volte al giorno. Spostarsi così, senza fissa dimora, per scelta, è qualcosa che mi fa assieme rabbrividire e pensare. Non è lo stesso che predicava Thoreau? Sempre lui, che torna a perseguitarmi anche attraverso le parole e gli atti di questa giovane pastora.

Perché lo fa? È una scelta, dice. Prima era una ragazza come le altre, le piaceva vestirsi bene, andare in giro, stare sui social, uscire con i coetanei. Poi la crisi, perché c'è sempre la crisi, quando si prendono decisioni così radicali. Ora non mi importa più di niente, vado in giro sporca e spettinata, ma sono libera. Ora si dice libera e felice, perché fa quello che ha scelto. La chiama scelta, a me pare più una ribellione. Contro uno stile di vita, un mondo, dei valori che non le appartenevano più.

Questa con le pecore, assicura, è un'esperienza a termine, con la primavera vorrà tornare in montagna, in alpeggio, con le capre.

Ancora le capre. Perché le preferisci?

Perché la capra è una stronza. È una stronza come me. Le capre hanno un carattere intenso, sono umane, si affezionano. Le pecore sono molto più calme, stanno al pascolo tranquille. Gestire un gregge di mille pecore è più facile che uno di cento capre. La capra sceglie sempre la foglia più fresca, la più buona. Ognuna ha il suo gusto, una va a destra, una a sinistra, una va su, una va giù, una torna indietro. Sono tremende. Hanno la cima delle montagne nel cuore, il loro istinto è quello di salire. Le due o tre volte che mi sono scappate sono dovuta andare fino in cima a recuperarle. Sono proprio delle stronze, che ti devo dire.

Ecco, ci vuole il candore di una ragazza per riportare tutto alla giusta dimensione terrena di questa fascinazione, senza troppi orpelli intellettuali e tante citazioni. Ecco svelato il mistero delle capre: sono libere e sono stronze. E lei, Bea Capre, mi pare sulla buona strada per diventare una Principessa delle Caprette.

Londra

Sono tornata in città. Pensare alla montagna da qui è strano. Sembra così irreale. C'è questa storia zen, che citano i maestri di yoga: la montagna in lontananza sembra una montagna. Nel corso del viaggio cambia continuamente aspetto e non sembra più una montagna. Alla fine del viaggio ecco apparire di nuovo la montagna, che però non ha più niente a che fare con la montagna che vedevamo all'inizio.

Se questo esilio montano è stato un viaggio, la montagna che vedo ora è davvero un'altra cosa. Non so se sia veramente *la montagna*, ma di certo non è più quella di prima. Per me adesso assomiglia un po' al mare. È una suggestione che si è insinuata nei miei pensieri prima di partire, quando sono andata a salutare il mio masso. Guardando il cielo azzurrissimo di una giornata d'autunno, ho pensato al mare. Quando sono lassù, anche sul mio masso lontano dalla vetta, l'orizzonte coincide con il cielo, oltre c'è solo l'infinito. Anche al mare il cielo si fonde con l'infinito. E ho avuto anche un altro pensiero marino: in lontananza queste montagne diventano blu. Di mille sfumature di blu: bluastre, violette, carta da zucchero. Che sono le sfumature dell'acqua del mare. Che sono i colori della vastità, dell'incontenibile, del desiderio, del non arrivare.

Sarà per questo che adesso questa montagna appare meno ostica e mi è cara. L'ho pensato seduta al sole, con i semi di epilobio che mi volano intorno trasportati dal vento, e avvolta da un'aria tiepida che scalda le ossa, con i boschi infuocati di giallo e rosso e di verdi tenui e verdi scuri, verdi brillanti e verdi argentei. Non so se lo penserò ancora quando tornerò d'inverno e saremo di nuovo alle prese con il sale e il ghiaccio e la neve da spalare, con il freddo che mi tormenta e mi fa sognare solo di infilarmi nella vasca di acqua calda. E la mattina mi fa indugiare sotto il piumone.

Sono tornata e la città mi provoca un certo sgomento. Ho vissuto in solitudine nel silenzio, ci vuole tempo per riabituarsi alla massa. La città è piena di voci e di rumori.

Due bambine parlottano fitto fitto tornando da scuola strusciando le scarpe sul marciapiede, un ragazzino passa sullo skateboard, sento le ruote di un trolley: c'è sempre qualcuno che parte o che arriva e rumore di trolley a ogni ora del giorno.

Dove va tutta questa gente, perché camminano così veloci, nervosi, scattanti, performanti. È il fremito della grande metropoli, l'energia vitale che muove i commerci e dove ogni cosa pare impellente ed essenziale. Ma io adesso lo so che non lo è, che si può sempre (non esageriamo, quasi sempre) fare domani quello che dovresti fare oggi. Si può stare fermi anche in città e sostituire il masso con una panchina del parchetto di quartiere e guardarli andare, così nevrotici e impazienti. *Less is more*, ora lo so.

Anche il cane calabrese è perplesso e mi guarda con aria sconsolata. Alla Baita aprivo la porta e lui volava fuori, annusando le tracce dei caprioli che vengono a bere alla fonte al limitare del bosco. Ora si siede di fronte alla porta, in attesa di uscire al guinzaglio. Oppure arriva annoiato e ciondolante e appoggia il muso sul mio piede, mentre sono seduta al computer. Uggiola e chiede di uscire. Quando lo abbiamo preso dal canile era talmente spaventato che per mesi non ha emesso un suono. Sembrava un cane muto. Poi ha iniziato ad abbaiare ai lupi, poi agli umani che si avvicinavano alla Baita, poi ha preso ancora più confidenza e ora parla, con modulazioni di suoni e mugolii. Quando vuole uscire inizia con un mugolio flebile e fingo di non sentirlo. Allora mugola più forte, sta dicendo che è stufo di stare chiuso in questo posto dove l'ho portato, e che sono fatti miei se non ho voglia di uscire, lui è un cane e ha le sue esigenze. Così cedo e lo porto fuori. Facciamo il giro dell'isolato, muniti di tutto l'armamentario per raccogliere i bisognini. Saluto gli altri padroni di cani, scambiamo qualche parola. Per lo più si parla del tempo, ma con un'aria complice, perché tra padroni di cani ci si intende sempre. Piove, eh? Eh sì, pioverà tutta la settimana. Ma sabato forse migliora. Già, dicono che migliora. Il suo è maschio o femmina? Maschio. Ah, il mio è femmina.

Una volta al giorno facciamo un giro più lungo, arriviamo fino a un parco dove lo libero e lì corre dietro agli scoiattoli. Ci sono tanti scoiattoli nei parchi di Londra, e anche i pappagallini verdi e gialli, portati dai viaggiatori di ritorno dalle Indie, che si sono ambientati bene qui e ormai sono volatili autoctoni. Ma i pappagallini al cane calabrese non interessano, non li guarda proprio. C'è da capirlo, rispetto a un capriolo sono molto meno interessanti.

Quando non piove troppo e non tira il vento freddo e umido dall'Atlantico ci allunghiamo ancora un po' più lontano e passeggiamo sulla riva del fiume. Il potere magico dell'acqua mi attira anche in città e io sono sempre in cerca di spazi aperti, di aria, di verde, di blu, di un luogo dove provare la stessa sensazione di infinito, dell'orizzonte che tocca il cielo. Qui non c'è, ma il verde non manca e il fiume non è blu, ma come gli scoiattoli per il cane calabrese è sempre meglio di niente.

Cammino per le strade luminescenti, le vetrine sono pronte per lo shopping natalizio, ogni cosa brilla e la macchina

gira a tutto vapore, come sempre, nella città che non si
ferma mai, dove si mangia a qualsiasi ora, dove si trova di
tutto, da ogni parte del mondo.

Guardo le vetrine ma non c'è niente che mi attiri. Non
entro, perché non ho niente da comprare, in verità non
ho bisogno di niente. *Less is more*, ancora. In questi mesi
in montagna ho usato pochi vestiti. Ho vissuto con due
paia di pantaloni, qualche maglione, magliette, pile e una
giacca a vento, un paio di pedule e uno di scarpe da gin-
nastica.

Qui è pieno di superfluo. Chiariamo, non ho niente
contro il superfluo, nel superfluo si nascondono cose belle e piacevoli, ma adesso guardo il mio armadio e penso
che con tutto il superfluo che ho posso vestirmi per le
prossime due vite. Non sento il bisogno di altro superfluo.

Una mattina mi sveglio in preda all'ansia e inizio a fare
pulizia di tutto quello che è appeso nell'armadio in attesa
dell'occasione giusta, che non metto da anni. Mi guardo
riempire di cose superflue un grosso sacco e portare tutto alla raccolta abiti dell'Oxfam. Lì sceglieranno e di ciò
che rimane faranno tessuti riciclati, dice il loro dépliant.
Liberata da questo superfluo, mi pare di aver levato un
po' di squallore alla pantomima di vita cittadina che sono
tornata a vivere.

Ho ripreso a nuotare nella piscina all'aperto, anche se il
tempo è inclemente. Sulla testa mi passano il cielo grigio
e nuvole basse e qualche corvo nerissimo e un passerotto
infreddolito che svolazza in cerca di briciole. Nuoto con
vigore per ritrovare il piacere dell'acqua, adesso le gambe

sono forti e sono le braccia a essere pesanti, procedo lenta e inesorabile, una bracciata dietro l'altra con lo stesso passo da mulo che ho in montagna. L'appagamento non è cambiato, nuotare è sempre bello e mi riempie di energia. Ma sono perplessa, a ogni bracciata guardo le bollicine che si sprigionano dalle dita della mano allungata nell'acqua e mi pare tutto sbagliato, che nuotare in una piscina sia un misero surrogato rispetto alla vastità a cui mi ero abituata in montagna.

Ho fatto le cose che si fanno in città. Sono andata al cinema, a teatro, in libreria, a cena fuori, al pub a bere una birra con gli amici, con un'amica in un localino tipicamente inglese a prendere il tè del pomeriggio con gli scones, la panna acida e la marmellata di lamponi. Ho rimesso le scarpe con il tacco e camminare è una lotta, le gambe abituate agli scarponi, ai terreni scoscesi e a stare in bilico sui dirupi non sanno più camminare sui tacchi. Mi viene subito mal di schiena.

Mi riabituerò, siamo animali adattabili, no? Mi sono abituata alla montagna, mi riabituerò anche ai tacchi. Ho rimesso pure la gonna, le calze, gli stivali e il cappotto; tanto perché lo sappiate, perché sappiate che non sono diventata una donna delle nevi. Né sono una luddista, neppure una seguace della decrescita felice, né rimpiango i bei tempi andati, quando tutto era naturale ed essenziale.

Non sono niente di tutto ciò, ma sono nella città pulsante e mi trovo a pensare alla Regina delle Caprette e a invidiare la vita semplice di chi è nato e vissuto solo nella valle. «A chi appartieni?» è la frase che usano i valligiani per stabilire le genealogie. «A chi appartieni» indica più di un cognome, indica un luogo, la professione degli avi, una rete di relazioni e di connessioni che solo chi è nato e cresciuto nella valle può capire.

Io non so a chi appartengo, sono un ibrido. Ma anche in queste valli ormai sono degli ibridi. Nel passato recente, una o due generazioni al massimo, erano tutti contadini, allevatori, zoccolai (sabotier, si dice, e ancora si fanno i famosi sabot, gli zoccoli di legno). Ora sono diventati altro. Vivono di turismo, affittano appartamenti, camere nei bed&breakfast, hanno negozi, alberghi, ristoranti, gestiscono rifugi. Ma questa gente di montagna è un immenso deposito di sapienza. Senza idealizzare troppo, senza ricadere nelle categorie di Thoureau, sanno fare tanti mestieri, a seconda della stagione cambiano pelle e anche identità. Sono un po' contadini, allevatori, boscaioli, giardinieri, idraulici, elettricisti, muratori, falegnami. Quando arriva la neve, con il cambio di stagione, indossano le tute invernali e diventano gattisti, addetti agli impianti, maestri di sci.

Sono nella città pulsante, eppure non riesco a pulsare a dovere. Mi chiedo che senso abbia pulsare, quando tutto quello che mi circonda appare così inutile. Mi viene il dubbio di essere stata contagiata, alla fine, da Thoreau, di aver inconsapevolmente e contro ogni mia intenzione interiorizzato le sue categorie del mondo. Le avevo elencate sul mio taccuino, con il titolo impegnativo *Miti da sfatare: i valori di Thoreau*. Sotto avevo scritto: «I valori falsi (legati alla società): moda, arte, intellettualismo, successo, mondanità, onori, potere, ricchezza, reputazione, città. I valori veri (legati alla natura): semplicità, verità, giustizia, sobrietà, genio, sublime, volontà, immaginazione, vita».

No, caro Thoreau, non ci casco. Troppo semplice scappare nei boschi e rintanarsi in una baita, con l'accetta non mi approccio al mondo, ma al larice – anzi lo faccio fare ai miei figli forzuti. Le tue categorie non possono contenere tutte le nostre miserie di singoli, affannati tra infelicità e delusioni, chiacchiericci inutili e oggetti superflui. Se solo il liberarsi degli orpelli generasse pace e tranquillità, avremmo trovato la formula della vita perfetta. Se solo fuggire sulla montagna servisse a trovare la pace e il benessere, le cime sarebbero molto più affollate. Il problema siamo noi. Noi costantemente minacciati da altre inquietudini, della cui origine non so. La nostra misera condizione di esseri umani ce la portiamo dietro ovunque andiamo. Ma insieme portiamo anche la felicità e la gioia. Dobbiamo piuttosto imparare a stare bene dove stiamo, come il grande abete sulla strada verso l'alpe, quello centenario, che si è adattato al vento e alle intemperie ed è ancora lì, solido e sempre più maestoso.

Caro Thoreau, la vita ha un'infinita ricchezza di sfumature, è una trama di rapporti, di echi, di culture. Non siamo una cosa sola. Si può appartenere a più mondi, si può essere due cose, anche più di due. Si possono contenere moltitudini, come diceva il poeta. Io sono una moltitudine: città e montagna, mare e montagna, polenta coi funghi e curry indiano, Italia e Inghilterra, less *and* more.

Indice

Fotocomposizione: Alessio Scordamaglia

Finito di stampare
nel mese di luglio 2022
per conto della Adriano Salani Editore s.u.r.l.
da Rotolito S.p.A. – Seggiano di Pioltello (MI)
Printed in Italy